中国中等职业教育质量

年度报告
2018

主编 王扬南 刘宝民 ＞＞＞

高等教育出版社·北京

图书在版编目（CIP）数据

中国中等职业教育质量年度报告. 2018 / 王扬南,
刘宝民主编. -- 北京 : 高等教育出版社, 2018.12
　　ISBN 978-7-04-051098-0

　　Ⅰ. ①中… Ⅱ. ①王… ②刘… Ⅲ. ①中等专业教育
-教育质量-研究-中国-2018 Ⅳ. ①G719.2

　　中国版本图书馆CIP数据核字(2018)第280329号

策划编辑	贾瑞武	**插图绘制**	于　博	
责任编辑	王　迪	**责任校对**	窦丽娜	
封面设计	赵　阳	**责任印制**	田　甜	
版式设计	赵　阳			

出版发行	高等教育出版社	网　　址	http://www.hep.edu.cn	
社　址	北京市西城区德外大街4号		http://www.hep.com.cn	
邮政编码	100120	网上订购	http://www.hepmall.com.cn	
印　刷	北京信彩瑞禾印刷厂		http://www.hepmall.com	
开　本	787mm×1092mm　1/16		http://www.hepmall.cn	
印　张	8.25			
字　数	130千字	版　次	2018年12月第1版	
购书热线	010-58581118	印　次	2018年12月第1次印刷	
咨询电话	400-810-0598	定　价	38.50元	

中国中等职业教育质量年度报告
2018

> **编委会**

总策划　王继平　周　为

主　编　王扬南　刘宝民

副主编　于志晶　周凤华

编　委（按姓氏笔画）

于志晶　刘显泽　陈文珊　陈向阳

陈晓明　杜怡萍　周凤华　赵　昕

段　威　耿　洁　高　鸿　彭文科

目 录

案例目录

图目录

表目录

前　言

　　党的十八大以来，以习近平同志为核心的党中央高度关注职业教育发展，多次对职业教育做出批示和指示。2017年，党的十九大报告提出要"完善职业教育和培训体系，深化产教融合、校企合作"。2018年，全国教育大会指出，"要努力构建德智体美劳全面培养的教育体系，形成更高水平的人才培养体系"；"要在学生中弘扬劳动精神，教育引导学生崇尚劳动、尊重劳动，懂得劳动最光荣、劳动最崇高、劳动最伟大、劳动最美丽的道理，长大后能够辛勤劳动、诚实劳动、创造性劳动"；"要大力办好职业院校，坚持面向市场、服务发展、促进就业的办学方向，推进产教融合、校企合作，培养更多高技能人才"。在党和国家的重视和要求下，我国职业教育实现了历史性跨越。中等职业教育在职业教育体系中具有重要的基础性地位，在调整教育结构，服务经济发展，促进社会公平等方面发挥了重要作用，做出了重大贡献。提高质量是教育改革发展的核心任务，是教育工作的永恒主题。中等职业教育的重要地位及巨大体量决定了它走以提高质量为核心的内涵式发展道路的重要性和艰巨性。党的十八大以来，按照努力办好人民满意教育的要求，中等职业教育更加突出质量主题，进一步改善办学条件，深化产教融合、校企合作，创新人才培养模式，全面提升教师队伍素质，建立健全质量保障制度标准体系，加快实现由规模型教育向优质型教育的深刻转变。

这种转变标志着中等职业教育正在以新的姿态迈入新时代。在这样的背景下，向公众更加清晰明确地呈现中等职业教育的本质特征、价值追求、历史作用和时代走向，具有重要意义。

《国务院关于加快发展现代职业教育的决定》要求实施职业教育质量年度报告制度，《职业院校管理水平提升行动计划（2015—2018年）》提出要建立中职学校质量年度报告制度，此后教育部逐步推动开展中等职业教育质量年度报告工作。2018年，教育部职业教育与成人教育司委托教育部职业技术教育中心研究所，从第三方评价角度，编撰全国中等职业教育质量发展年度报告。这是改革开放以来我国首个中等职业教育质量发展报告，希望更多的人能通过这一报告深入了解中等职业教育的发展状况，并以此为契机建立起国家层面的中等职业教育质量监测与报告的制度化平台。

作为中等职业教育水平高低程度的整体反映，中等职业教育质量受办学条件、教师素质、学生基础、教学组织和实施、制度环境等多种因素的制约和影响，最终体现在培养对象的质量上，它是一个综合性动态系统。从更加长远的角度看，各种影响因素在不同发展阶段、不同国家和地区乃至不同学校都发挥着不同的作用。我们希望通过持之以恒的跟踪、监测、分析与评价，深入了解影响和规制我国中等职业教育质量各种因素的作用机理和消长规律，为中等职业教育的办学决策、教育实践和理论研究提供比较科学的依据与参照，同时也能够为新时代中国特色现代职业教育发展道路的探索留下富有历史价值的印记。基于这样的理念，本报告在框架上设置了7个部分，分别是总体情况、学生发展、教育教学、产教融合、服务贡献、政府履责和挑战及对策，力图综合呈现党的十八大以来特别是2017年我国中等职业教育的整体质量情况。

作为全国中职质量发展年报的首次尝试，本报告疏漏在所难免，恳请各界批评指正。

2018年10月

01

总体情况 > > >

中等职业教育在现代职业教育体系中具有基础性作用，是职业教育发展的重点，办好中等职业教育意义重大。2017年，从规模、结构、办学条件等基本层面上看，我国中等职业教育继续保持总体协调发展；从学生发展、教育教学、产教融合、服务贡献和政府履责等观测重点看，我国中等职业教育呈现诸多亮点，以提高质量为核心的内涵发展势头良好，同时也面临新的挑战。

1.1 规模情况

1.1.1 全国中等职业学校总量超过1万所

2017年，全国共有中等职业学校 **1.07万所**（图1-1）。其中，普通中等专业学校3 346所，职业高中3 617所，技工学校2 490所，成人中等专业学校1 218所。

1.07万所

中等职业学校

从行政区域来看，全国各地区中等职业学校数量差距较大。中等职业学校最多的省份为河南，有640所，其次是河北，有609所；中等职业学校较少的省份有西藏、宁夏、青海、天津、海南、北京等，都在100所以内（图1-2）。

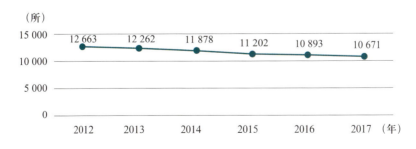

图1-1　2012—2017年全国中等职业学校数量的变化趋势

图1-2　2017年全国不同行政区域中等职业学校数量分布情况

数据来源：教育部《中国教育事业发展统计简况2017》（不含技工学校）。

1.1.2　近1 600万人在中等职业学校学习

2017年，全国中等职业学校共计招生582.43万人，在校生1 592.50万人，毕业生496.88万人。在高中阶段教育生源下降的背景下，中等职业教育在校生规模缓慢下降，但总体较为稳定，中等职业教育发挥着技术技能人才培养主渠道的作用（图1-3）。

全国各地中等职业教育发展规模差异较大。中等职业教育招生规模较大的地区集中在河南、广东、四川、山东、安徽等省份（图1-4）。

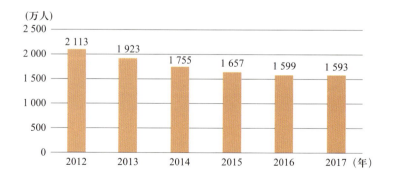

图1-3　2012—2017年全国中等职业学校在校生数变化趋势

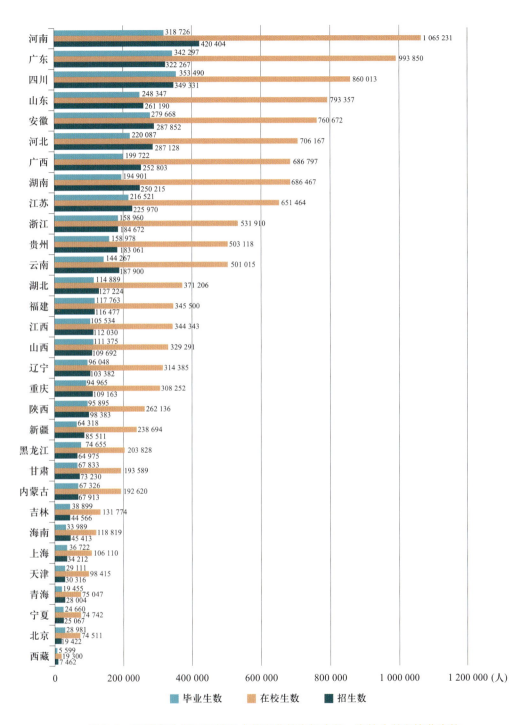

图1-4　2017年全国不同地区中等职业教育招生数、在校生数和毕业生数

数据来源：教育部《中国教育事业发展统计简况2017》（不含技工学校）。

1.1.3 全国中等职业学校校均规模1 533人

近年来，各地根据产业结构和人口变化趋势对中等职业学校布局进行调整，注重提高办学效益。2017年全国中等职业学校校均1 533人，保持比较稳定的状态（图1-5）。

图1-5　2012—2017年全国中等职业学校校均规模变化

数据来源：教育部《中国教育事业发展统计简况2017》（不含技工学校）。

1.2 结构情况

1.2.1 四成以上高中阶段学生在中等职业学校学习

2017年，全国高中阶段教育招生职普比为42.1∶57.9，在校生职普比为40.1∶59.9，四成以上的高中阶段学生在中等职业学校学习（表1-1）。中等职业教育在加快普及高中阶段教育方面发挥了关键作用。

全国各地高中阶段教育招生职普比情况有较大差异。以2016年数据为例，江苏省中等职业学校招生占高中阶段教育招生总量的50%；广西、安徽、海南、浙江、四川、

40% 以上

高中阶段学生在中等职业学校学习

天津、广东等省份均在45%之上；云南、青海、山东、福建等11个省份在40%～45%之间；辽宁、宁夏、新疆、山西、湖北等10个省份在30%～40%之间（图1-6）。

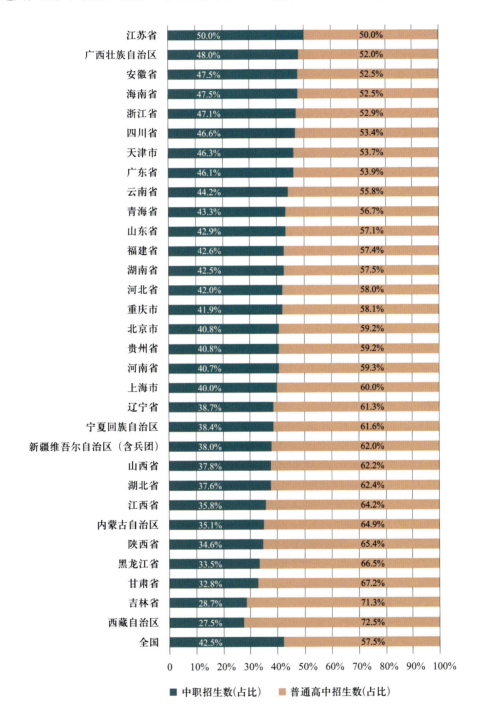

图1-6　2016年全国各地区高中阶段教育招生职普比

数据来源：2016年教育部对各省（自治区、直辖市）职业教育与继续教育有关工作情况的统计。

表1-1 2015—2017年全国高中阶段教育职普比

	2015 年	2016 年	2017 年
招生职普比	43.0∶57.0	42.5∶57.5	42.1∶57.9
在校生职普比	41.0∶58.9	40.3∶59.7	40.1∶59.9

1.2.2 近八成学生毕业时获得职业资格证书

2017年，全国中等职业学校（不含技工学校）毕业生共4 063 981人，其中，获得职业资格证书者3 218 321人，占79%。

1.2.3 服务先进制造业专业的毕业生最多

近年来，各地中等职业学校围绕国家重大发展战略和区域经济社会发展需求，不断优化专业结构。2017年中职毕业生中，信息技术类、加工制造类等服务于先进制造业的专业毕业生最多，分别达到了16%和13.8%（图1-7）。

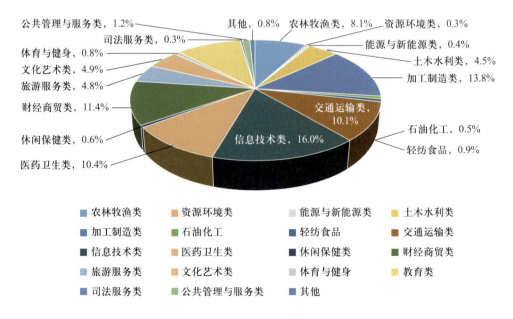

图1-7 2017年中等职业教育毕业生专业分布

数据来源：教育部《中国教育事业发展统计简况2017》（不含技工学校）。

1.2.4 民办中等职业教育办学活力增强

2017年，全国共有民办中等职业学校2 069所（比上年减少46所，下降2.17%），占全国中等职业学校总数的25.29%；招生78.68万人（比上年增加5.04万人，增长6.84%），占全国中等职业学校招生总数的17.43%；在校生197.33万人（比上年增加13.19万人，增长7.16%），占全国中等职业学校（不含技工学校）在校生总数的15.73%。

1.3 师资情况

1.3.1 生师比呈现明显改善趋势

2017年，全国中等职业教育共有教职工107.62万人，专任教师83.68万人。中等职业学校的生师比为19.59∶1，与2015年的20.47∶1和2016年的19.84∶1相比较，呈现明显改善趋势。

1.3.2 教师整体素质持续提升

2017年，在中等职业学校专任教师中，本科以上学历586 513人，占比91.59%；硕士以上学历48 955人，占比7.64%；高级职称162 415人，占比25.36%（表1-2）。教师队伍整体素质提升较大。

表1-2 全国中等职业教育师资队伍建设情况

序号	师资队伍指标	2015年	2016年	2017年
1	专任教师与外聘教师比	6.57∶1	6.75∶1	6.96∶1
2	本科以上学历专任教师比	90.13%	90.83%	91.59%
3	硕士以上学历专任教师比	6.75%	7.16%	7.64%
4	高级职称专任教师比	24.65%	25.06%	25.36%

数据来源：教育部《中国教育事业发展统计简况2017》。

1.4 办学条件

1.4.1 2/3 的学生在优质学校学习

全国已经建成1 000所国家中等职业教育改革发展示范学校，2 000所中等职业学校达到省级重点学校建设标准，覆盖了中职学校2/3的在读学生。

1.4.2 五项办学基本条件指标均有提升

2017年，中等职业学校教学仪器设备资产值为779.74亿元（图1-8）。近3年，生均占地面积、生均建筑面积、生均教学仪器设备值、生均纸质图书、教学用计算机5项基本办学指标均有提升，其中3项超过国家规定标准（表1-3）。

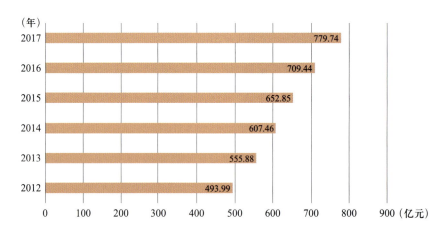

图1-8 2012—2017年全国中等职业学校教学仪器设备资产值变化

数据来源：教育部《中国教育事业发展统计简况2017》（不含技工学校）。

表1-3 全国中等职业教育基本办学指标

序号	办学基本指标	2015 年	2016 年	2017 年	设置标准
1	生均占地面积（平方米）	35.76	36.36	36.32	33
2	生均建筑面积（平方米）	15.96	16.66	16.91	20
3	生均教学仪器设备值（元）	4 889.35	5 560.48	6 216.61	3 000或2 500 *
4	生均纸质图书（册）	25.13	25.59	25.50	30
5	教学用计算机（台/百生）	19.59	20.75	26.04	15

数据来源：教育部《中国教育事业发展统计简况2017》（不含技工学校）。

*工科类专业和医药类专业生均仪器设备价值不低于3 000元，其他专业生均仪器设备价值不低于2 500元。

1.5 总体发展

1.5.1 学生发展方面

新时代中国特色社会主义思想和党的十九大精神进校园、进课堂、进头脑，在中职生成长发展中发挥统领作用。树立正确人生观，培育和践行社会主义核心价值观的要求得到进一步落实，中职生呈现出蓬勃向上的良好精神风貌。2017年，学生文化课平均合格率为 **90.85%**，学生基本技能合格率、体质合格率保持在90%以上，均呈上升趋势；一大批中职生在全国职业院校技能大赛和世界技能大赛中获奖，成为技能新

90.85%

学生文化课
平均合格率

星；全国中等职业学校（不含技工学校）毕业生就业率为96.38%，有122.10万中职毕业生升入各类高一级学校就读，占就业人数的35.75%，比2016年增加10.64个百分点。

1.5.2 教育教学方面

新一轮《中等职业学校专业目录》修订工作引导中职专业主动对接战略性新兴产业、先进制造业、现代服务业等。经过不懈努力，中职国家教学标准体系框架基本形成。学校积极推广项目教学、案例教学、情境教学、工作过程导向教学，探索出一批特色鲜明的教学模式。确定15个国家级开放式公共实训基地。"双师型"教师队伍建设取得新进展，一批优秀教师入选国家"万人计划"教学名师。中职互联网接入率近90%，数字校园的基础能力进一步提升。

1.5.3 产教融合方面

截至2017年年底，全国共成立了56个行业职业教育教学指导委员会，汇聚3 000余名专家，覆盖了95%的中等职业学校专业；发布了近60个行业人才需求预测与专业设置指导报告和13个行业职业教育年度报告。各地出台了一系列政策举措，推动职业学校广泛开展订单培养、校中厂、厂中校、现代学徒制等探索。国

家持续推动现代学徒制改革试点，参与企业1 878家、院校370所、专业535个，一批行业组织出台了现代学徒制实施行业标准。继续深入推进职业教育集团化办学，全国成立了1 400多个职教集团，51.4%的职教集团由中等职业学校牵头成立。

1.5.4 服务贡献方面

2017年，中等职业学校培养具备职业资格证书的毕业生321.83万人，承担各类社会培训463.99万人，有效地促进了一线产业工人整体素质的提升。中等职业学校主动承接国家百万新型职业农民培育任务，采用多种形式开展面向农村的实用技术培训，一批学校被评为全国新型职业农民培育示范基地；主动对接服务先进制造业的需要，培养输送加工制造类毕业生51万人；主动适应现代服务业发展需求，培养输送毕业生246万人。中等职业学校在技术服务、民族文化传承、东西部地区协作、精准扶贫等方面都有出色作为。

1.5.5 政府履责方面

2017年，在国家层面出台了《关于深化产教融合的若干意见》（国办发〔2017〕95号）等文件，进一步加强职业教育发展顶层设计。各地方政府不断加强对区域内职业教育统筹规划和协调，促进中等职业教育持续健康发展。有关行政部门继续强化职业教育的制度标准建设，推动中等职业学校自主开展诊断与改进工作。中等职业教育财政性教育经费**1 949**亿元，占职业教育财政性教育经费的62.93%。各地均建立了中等职业学校生均拨款制度，中等职业教育基本办学条件进一步改善。全年共资助中等职业学校学生1 509.92万人次，资助金额365.29亿元，比上年增加33.16亿元，增幅9.98%。

1949亿元

中等职业教育
财政性教育经费

1.5.6 问题与挑战方面

一些地方政府对中等职业教育的支持政策出现摇摆，中等职业教育的基础性地位出现动摇倾向。由各地经济发展水平差异造成的对中等职业教育投入保障能力不平衡问题仍然突出，一些地区的中等职业学校办学条件没有得到有效改善。技术技能人才发展的社会环境不理想、适龄人口持续下降、优质中职教育资源不足等因素叠加，使一些地区和学校招生持续面临困难。中等职业学校教育教学改革仍不深入，内涵发展动力不足，急需新理念新思想新经验的引领和激发。

02

学生发展 > > >

学生发展情况集中体现着中等职业教育的质量和水平。我国中等职业教育始终坚持以立德树人为根本任务，大力开展素质教育，全面提高学生技术技能水平，为学生创造多样化成才机会，努力开创品德有保证、技能有提升、就业有出路、升学有渠道的新格局。

2.1 立德树人

2.1.1 70%以上中职学校在专业部（系）设立了独立党支部

中等职业学校通过实行党组织成员和行政领导班子成员"双向进入、交叉任职"，把党建工作融入学校教育教学全过程；通过以党建带动共青团建设、以党建和团建带动学生思想政治工作，深入宣传新时代中国特色社会主义思想和党的十九大精神，让其入眼入脑入心；通过设立党员德育导师和党员先锋岗等，让学生对党的先进性和党员先锋模范作用可感可知可学；通过开展优秀传统文化教育、红色文化教育等专题活动，丰富思想政治教育内容和形式，让学生爱国爱党爱社会主义。

— 案例2-1：党的十九大精神进校园、进课堂、进头脑

武汉机电工程学校把各支部"两学一做"学习教育场所建在学生实习实训基地上，让师生深受感染和教育，激发内生动力；把学党章党规、学系列讲话作为开展经常性教育的基本内容；把"两学一做"融入中心组学习、"三会一课""支部主题党日"活动中，每月制定"党支部主题日"活动指导书，定时检查支部工作手册和党员手册记录情况，检验"两学一做"学习效果。

— 案例2-2：红色教育资源进校园、进课堂

福建龙岩长汀职业中专学校党组织积极推进红色文化、客家文化、

生态文化有机融入学生思想品德教育全过程活动，开展"传家训·亮家风""客家家风家训进校园"活动，使学生品德教育更有针对性和实效性。

2.1.2 探索出一批具有鲜明中职特色的德育课程模式

2017年，中等职业学校在课程教学、实习实训、学校管理、校园文化、志愿服务、职业指导、心理辅导、家庭和社会等方面全面深入贯彻落实《中等职业学校德育大纲（2014年修订）》，探索出一批具有鲜明中职特色的德育课程模式和实践工作经验，在全国形成了一定影响。

 —— 案例2-3：构建"五位一体"德育课程体系

烟台市构建中等职业学校"德育课程、公共基础课程、专业技能课程、实践活动课程、文化育人课程"五位一体的德育课程体系。依据企业岗位素养凝练每门课程承载的核心素养，围绕核心素养形成德育目标和德育内容，编写《德育课程一体化实施指导纲要》。指导纲要包括德育目标、德育内容、德育实施、德育评价四个方面，对各门课程的德育教学起到指导引领作用。依据指导纲要，每门课程编写相应的课例、数字资源、校本教材等，建立起课堂、实训、活动、终端等线上、线下多维度渗透德育途径。

 —— 案例2-4：创设"立体德育"特色项目

黑龙江省贸易经济学校创设"立体德育"特色项目，2017年共完成146人次师资培训，受益学生2 400人；建成融行、企、校为一体的校园文化；开设13门兴趣拓展课，参与拓展课学生达700人；成功举办40余次主题德育活动；建成了拓展训练场地，学生训练达60余次；建成由269个监控点组成的校园安全监控网，做到校园监控网络全覆盖，组织消防、安全等演练5次；举办学生团体训练和心理健康讲座5次。

—— 案例2-5：探索德育银行模式，提升学生道德情操

温州市瓯海职业中等专业学校探索"德育银行"新模式，学校给每名学生"存"一定量的德育学分，学生发生不良行为时便从所存学分中扣"支"，学分不足可申"贷"，而还"贷"方式是"以功抵过"。87.5%的学生认为"德育银行"内容切合实际，88.5%的家长肯定"德育银行"对学生良好行为习惯养成很有帮助，94%的企业认为通过"德育银行"可以选择到合适的毕业生。

2.1.3 广泛开展全国中职德育主题活动

全国中等职业学校"文明风采"活动已举办14届，覆盖全国31个省（自治区、直辖市），成为展示中等职业学校学生精神风貌和综合素质的重要窗口。2017年，全国共有**5 990**所学校、**436.8万名**学生参与。各地和中等职业学校德育工作不断创新，探索出了形式多样的德育模式。如，新疆维吾尔自治区组织"三进两联一交友""民汉同学结对子"活动，促进各民族师生交流、交往、交融，民族团结气氛浓厚；南京六合中等专业学校"爱心手拉手，成长心连心"活动获评为2017年南京市优秀志愿者项目。

5990所
—
中等职业学校

436.8万名
—
学生参与
德育主题活动

2.2 劳动教育

2.2.1 劳动教育进课程

培养德智体美劳全面发展的社会主义建设者和接班人是教育的根本任务。为此，不少中等职业学校在专业课程体系中设置劳动课程，制定课程教学标准，明确劳动课程基本要求，将劳动成绩计入学生毕业成绩，增强学生的劳动意识，引导学生崇尚劳动、热爱劳动、尊重劳动。

2.2.2 劳动活动进校园

中等职业学校以校园作为劳动育人的重要载体，广泛推行服务周活动。学校制定服务周管理制度，分期分批组织学生参加学校的行政服务管理、学生服务管理、校园环境管理、师生餐厅管理等实践活动，提高劳动意识、学习劳动技能、养成劳动习惯。

2.2.3 劳动服务进社区

中等职业学校充分利用和发挥自身资源优势，组织学生参与社会活动，让学生在劳动中增强获得感，展现中职生风采。一是参与社会劳动，例如参与植树节植树、交通秩序维护执勤等义务劳动；二是发挥专业优势开展服务活动，例如电器维修、文体节目展演等；三是向社会献爱心劳动，例如帮助孤寡老人做家务、教幼儿园小朋友做手工等，弘扬劳动光荣的时代风尚。

 —— 案例2-6："劳作教育"进课程，推进劳动育人

2017年，广州市交通运输职业学校正式实施"劳作教育"校本德育课程，以课程方式推进劳动育人。"劳作教育"课程目标为：培养学生脚踏

广州市交通运输职业学校学生在开展"劳作教育"课程学习

实地、忠于职守、诚实、守时、主动、自律与合作等品质，体验劳动的尊严和人格平等的真谛，形成高尚的人格；塑造学校"务实"的校训文化，助力"勤奋敬业""团结自律"等校风的形成；为行业培养实用型人才，服务和谐社会。目前，卫生劳动的课程载体从"校园包干区"扩展到"课室""宿舍"卫生劳动，还将推广到"家务""实训教学场所""主题劳作活动"等。实施"劳作教育"课程教学后，学校校园卫生环境更加干净整洁，劳动育人的文化氛围浓郁，学生对劳动的认识和态度更加正确，热爱劳动的习惯和优秀的个人品质逐渐养成。

案例 2-7：以校园为载体，开展劳动服务

广州市旅游商务学校的服务周是全体学生必须完成的校内劳动实践，主要培养学生的服务意识、劳动意识及动手能力。每学期每个班每个学生的劳动实践为一个星期，根据学生服务周岗位工作的完成情况进行评估，合格者给予学分。学校各部门根据工作内容设置学生服务工作岗位，同学们被分配到学校各部门参与日常服务工作。每天学校各个办公室及功能场所都能看见学生劳动的身影，有做资料整理的、有做接待的、有做卫生保洁的、有做餐厅服务的，等等，全校营造了热烈的劳动氛围。

广州市旅游商务学校的学生服务岗

2.2.4 劳模进校园，工匠进课堂

中等职业学校通过设立"能工巧匠工作室""劳模工作站""工匠命名班""劳模大讲堂"等方式，广泛开展了劳模进校园、工匠进课堂活动，面对面给学生传授技术技能技艺，传播精益求精、吃苦耐劳的工匠精神，与学校教师一道培养新时代的大国工匠。

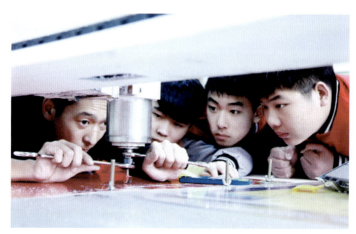

黑龙江省商务学校"能工巧匠进校园"活动

 —— **案例2-8："工匠苗圃"大课堂，锻造工匠显神威**

从2017年起，四川宜宾市南溪职业学校开办"工匠苗圃"大课堂，紧密围绕学生职业素养和创业能力的培育来精细规划和选择培训内容，将职业精神、职业道德、专业品质的培养充分融入学校制定的各项管理制度、职业素养要求中。"工匠苗圃"大课堂分年级每月举行2次，每次参加人数超过300人。到2018年9月底，"工匠苗圃"大课堂已举办十讲。

2.3 综合素质

2.3.1 学生基本素养合格率保持在90%

13个省市对中等职业学校学生的综合测试抽样显示，2017年学生公共基础课平均合格率为**90.85%**，较2016年上升了1.67个百分点；中职生的体质合格情况较好，保持在90%左右（表2-1）。

90.85%
—
公共基础课
平均合格率

表2-1 2016—2017学年全国中职生综合测试抽样情况汇总

学年	指标	公共基础课合格率（%）	体质合格率（%）
2016	区间	80.63 ~ 94.3	78.33 ~ 96
	平均值	89.18	90.05
2017	区间	81.5 ~ 100	82.28 ~ 95
	平均值	90.85	89.62

89.62%
—
中职生
体质合格率

2.3.2 文化艺术进校园进课堂让学生审美情趣得到有效提升

中等职业学校不断加强美育，培养学生良好的审美情趣和人文素养。一是建立美育机制，开足公共艺术必修课。如广东省组建了中等职业学校公共艺术教育教学

湖北省枝江市职教中心开展传统文化进校园活动

研究会，推动全省中职美育工作。二是建设民族传统产业专业。如广西纺织工业学校以"民族绣织坊"为平台，重构纺织技术及营销专业课程体系，实现了"壮锦文化进课堂"。三是开展文化艺术进校园活动。如河南省举办首届中等职业学校中华优秀传统文化大赛，湖北省枝江市职教中心开展丰富多彩的传统文化进校园活动。

 —— **案例2-9：艺术进校园，素养入头脑**

> 江苏南充师范学校成立13个艺术类兴趣小组，邀请南充市文联、南充市文化馆、南充市木偶剧院、南充市书协等领域专家到校举办讲座，现场指导学生艺术创作，培养学生的艺术核心素养。多次组织学生书法绘画、现场剪纸、篆刻等各类作品展演；组织学生参加南充电视台春节联欢晚会、南充市文艺汇演、四川省农民艺术节展演、南充市十大法制人物颁奖晚会等活动，促进学生成长。

2.3.3 社团成为学生素质提升的重要阵地

中等职业学校学生社团建设蓬勃开展，成为学生提升技能、增强社会责任感、培养创新创业精神和实践能力的重要途径。2017年，全国中等职业学校普遍成立了学生社团，学生积极踊跃参与活动，如内蒙古各盟市中职生社团平均达到了100余个，学生可以根据兴趣自主选择文学艺体、创新创业、专业技能等社团，平均每周都有两个下午的时间参加社团活动。

珠海市第一中等职业学校社团活动丰富多彩

── 案例2-10：打造"百团校园"，建设"和乐"文化

珠海市第一中等职业学校致力于将社团文化打造成学生的素养养成品牌，学校有146个社团，已建立"百团校园"的运作机制。与专业相融合的花式调酒社、面点制作社等专业社团，更是为学生参加技能竞赛提供了有力支撑。近几年，社团学生在技能大赛中共获得国家级奖项26项。社团活动不仅培养了一批批素质优良的学生，也形成了学校独特的"和乐"文化，提升了学校的文化品位。

2.4 技术技能

2.4.1 学生基本技能合格率保持在90%以上

13个省市对中等职业学校学生的技术技能水平测试抽样显示，2017年学生专业技能课平均合格率为**92.35%**，较2016年上升了1.17个百分点。中等职业学校学生在基本技能方面较2016年有明显提升。教育部与联合国儿童基金会共同执行的"生活技能开发"项目，在我国中职学校的推广取得了良好效果。参加该项目的学生在问题解决、批判思维、做决定、创造性思维、沟通、人际关系、自我认知、换位思考、抗压、情绪管理共10种核心生活技能方面都有较大提高和改善。

92.35%

基本技能
平均合格率

 ── 案例2-11：生活技能课程对一个中职生的全新改变

我叫韦江巡，是贵州省道真自治县中等职业学校2016级数控1班的学生。在踏入中职学校前，我性格内向，不善于与人交流。在学习中遇到不懂的问题时，我不会去问，也不会去找解答的方法，久而久之，老师不过问，同学不关心，也备受家长冷落，学习成绩不好，整天在痛苦中度

过。解除我痛苦的一剂良药是"生活技能"这门课，它教会了我怎样去与老师、同学和家长交流，它让我发现了自身的优势和劣势，并能充分发挥优势，弥补劣势。每一次上台展示，都让我变得更加自信；每一次小组讨论，都让我的性格发生巨大改变，由开始的不敢说到后来争着说，抢着与同学讨论各种问题以及分享自己的成就。生活技能这门课创造了一个全新的我。

2.4.2 3 600余人在全国职业院校技能大赛和世界技能大赛中获奖

全国职业院校技能大赛是我国职业教育的一项重大制度设计和创新。2008年以来已连续成功举办11届，基本形成了校、省、国家的三级竞赛体系及常规赛项与行业特色赛项互为补充的竞赛布局，近5年来获奖人数不断增加（图2-1、表2-2）。2017年，我国参加第44届世界技能大赛，52名选手在47个项目的比赛中取得了15枚金牌、7枚银牌、8枚铜牌和12个优胜奖的优异，创造了我国参赛以来的最好成绩。

3600余人

全国职业院校技能大赛和世界技能大赛中获奖

山东省淄博建筑工程学校学生进行比赛训练

图2-1　2014—2018年全国中等职业学校技能大赛获奖人数

表2-2　全国职业院校技能大赛中职组获奖人数前20名的省市

序号	省市	2017年	2018年
1	江苏省	209	218
2	浙江省	210	216
3	广东省	178	207
4	山东省	190	204
5	青岛市	162	184
6	宁波市	158	181
7	湖南省	122	174
8	河南省	151	166
9	重庆市	149	162
10	安徽省	139	153
11	福建省	144	150
12	上海市	143	146
13	深圳市	101	138
14	广西壮族自治区	121	124
15	四川省	104	104
16	吉林省	91	103

续表

序号	省市	2017年	2018年
17	厦门市	96	101
18	江西省	69	97
19	海南省	70	81
20	北京市	91	76

 —— 案例2-12：砌墙砌出世界冠军

在第44届世界技能大赛上，来自广州市建筑工程职业学校的梁智滨砌了三面墙，最终凭借墙的"高颜值"，不仅砌出自己的梦想，更砌出了中国在这个项目上的第一块金牌。

广州市建筑工程职业学校梁智滨在世界技能大赛现场

 —— 案例2-13：一把剪刀闯"国赛"

宁波甬江职业高级中学学生张佩不畏强手，沉着应战，凭借时尚的设计理念、过硬的技术技能和稳定的临场发挥，入选第44届世界技能大赛美发项目国家集训队。大赛裁判员对张佩的作品赞赏有加，认为她的作品既有先锋前卫的艺术性，又不失现实普及的商业性。这既是她自身努力的结果，也与学校一直坚持"以赛促学、以赛促教"的特色教学密不可分。

2.5 就业升学

2.5.1 就业率保持在96%以上

2017年，全国中等职业学校（不含技工学校，下同）毕业生就业率为**96.38%**，对口就业率为72.95%[①]，就业率基本保持稳定，直接就业仍然是中职毕业生发展的主渠道。与2016年相比，就业率高于全国平均水平的地区增加了8个，区域差距不断缩小。用人单位对学生最满意的6个方面依次为：敬业精神、技术技能水平、工作表现与期望差距、学习新知识的能力、适应企业文化的能力、信息技术应用能力[②]。

96.38%
——
中职毕业生
平均就业率

湖北信息工程学校毕业生在长丰猎豹汽车荆门公司就业

2.5.2 直接就业起薪超过2 000元

2017年，全国中等职业学校毕业生起薪超过2 000元的有135.91万人，约占直接就业人数的**2/3**，比2016年提高9个百分点。其中，起薪超过3 000元的占22.65%，比2016年提高7.36个百分点。2017年，全国

2/3
——
中职毕业生起薪
超过2 000元

---

① 数据来源：《中国中等职业学校毕业生就业状况分析报告2017》（不含技工学校）。
② 2016年中国教育科学研究院开展的中等职业教育满意度调查。

中等职业学校毕业生对就业岗位的满意度进一步提高，表示"满意"和"非常满意"的占 40.71% 和 22.98%，分别比 2016 年提高 2.42 和 5.49 个百分点。

 ── **案例 2-14：中职毕业生就业面试不逊研究生**

南京金陵中等专业学校计算机网络技术专业学生张晓龙与本科生、研究生同台面试，从 11 名竞聘者中脱颖而出，获得上市企业南京擎天柱科技有限公司的认可，进入企业前端开发部实习。经过一年的学习和锻炼，张晓龙同学的技能水平和职业能力得到极大提升，并于 2016 年 4 月进入瑞银产业旗下的全资子公司江苏瑞银电子商务有限公司工作，月薪 6 000 元以上。

2.5.3 超过 35% 的毕业生可以升学

为满足中等职业学校学生终身发展需要以及产业转型升级对高技能人才的需求，各地中高职衔接采取"3+2""2+3"、五年一贯制、高职对口自主招生、职业教育高考、技能大赛获奖学生免试入学等多种途径，不断拓宽中职到高职乃至应用型本科的升学通道。2017 年，全国共有 122.10 万名中职毕业生升入各类高一级学校就读，占就业人数的 35.75%，比 2016 年增加 10.64 个百分点。各地普遍实行了中等职业学校学生升学"文化素质＋职业技能"的招生考试制度，多一把尺子

佛山市南海区盐步职业技术学校服装设计与工艺专业的技能考试

测量学生，既让学生获得更多的发挥潜能的机会，又有利于高职院校根据专业具体特色和需要，更加科学合理地选拔人才。

2.5.4 近4%的学生走上创业之路

近年来，中等职业学校学生创新创业能力不断提升，根据13个省市资料统计，中等职业学校学生的创业率在2.2%～7.21%之间，平均创业率为**3.97%**，较2016年有所上升[1]。广东佛山市顺德区的中等职业学校，依托当地产业发达优势，积极开展创新教育。该地的陈村职业技术学校累计申报国家专利738项，获专利授权247项，发明专利2项；李伟强职业技术学校学生申请国家专利435项，获专利授权97项。

3.97%

中职生
平均创业率

 —— **案例2-15：东莞市机电工程学校打造学生创客园**

广东东莞市机电工程学校在校企合作平台"企业项目训练中心"以及"东莞市模具（国际）职教集团"的助推下，为学生提供创新型教学和锻炼机会。学校与合作企业广东隆凯股份有限公司合作打造了"学生

东莞市机电工程学校校企协同培养具有创新创业能力的模具高端人才

① 数据来源：13个省市中职质量年报汇总。

创客园",培养学生的创新创业能力,首批"隆凯班"学生毕业后和隆凯公司签约,1/3学生的月薪达到了6 000元。

 ── 案例2-16:中职毕业生创办小微企业,提供30多个就业岗位

天津市交通学校2009届毕业生王海龙现任海龙汽车维修中心总经理。毕业后,他创办了自己的汽车维修店。经过6年多打拼,维修店从100平方米、2名员工的小店发展成为500平方米、30名员工的二类标准化汽车修理厂,年收入600～700万元,为中等职业学校学生树立了创新创业的典范。该厂八成员工来自农村,例如员工康瑞猛家在农村,工作3年来工资由2 000元/月涨到8 000元/月,不仅解决了自己的就业和生活,还支持妹妹上了大学。3年来,维修厂提供职业院校学生实习岗位约200人次,还带动了汽车施救等维修服务近千人次的间接就业。

03

教育教学 > > >

深化教育教学改革是提升中等职业教育质量的基础性工程。教育教学改革主要集中在专业建设、实习实训、师资队伍、信息化教学等方面。加强专业建设是提高教育教学质量的核心工作，搞好实习实训是提升学生技术技能水平的关键环节，建设"双师型"教师队伍是实现人才培养目标的根本保障，加快推进信息化是加快教育手段和方式现代化转型的新引擎。

3.1 专业建设

3.1.1 组织开展中等职业教育专业目录修订工作

2017年，教育部组织开展了新一轮《中等职业学校专业目录》修订工作，增设了无人机应用技术、新能源汽车技术、工业机器人应用与维护等专业，引导中等职业学校主动对接战略性新兴产业、先进制造业、现代服务业，科学合理地设置和调整专业，这些专业的招生人数都有所增长（表3-1）。严格落实《中等职业学校专业设置管理办法（试行）》，加强对中等职业学校专业设置的宏观调控和指导，扩大中等职业学校专业设置自主权。据16个省市中职质量年报统计，2017年，经各省备案的目录外专业点数达122个，专业设置的科学化水平进一步提升。四川省建立专业设置动态调整预警机制，严格国控专业的审批与退出机制；北京市引导职业学校新增专业与产业结构高度契合，新增专业85个，撤销和调整专业14个；浙江省调整减少专业点95个，新增专业点80个。

表 3-1 2017年全国中等职业教育三次产业专业大类招生情况

产业	专业大类名称	招生人数
第一产业	农林牧渔类	272 369
第二产业	资源环境类	9 201
	能源与新能源类	11 533
	土木水利类	144 469

续表

产业	专业大类名称	招生人数
第二产业	加工制造类	527 249
	石油化工类	16 614
第三产业	轻纺食品类	36 737
	交通运输类	522 275
	信息技术类	796 560
	医药卫生类	421 440
	休闲保健类	34 518
	财经商贸类	517 081
	旅游服务类	274 469
	文化艺术类	262 299
	体育与健身	53 261
	教育类	502 199
	司法服务类	19 521
	公共管理与服务类	54 432
其他		39 008
合计		4 515 235

数据来源：教育部《中国教育事业发展统计简况2017》（不含技工学校）。

 —— **案例3-1：吉林建立与产业结构调整相适应的中职专业设置动态调整机制**

　　吉林省围绕汽车、化工、农产品加工、医药、旅游等支柱产业及绿色农业、新能源、光电信息等战略新兴产业和现代服务业发展需求，建立与产业结构调整相适应的中职专业设置动态调整机制，突出办学特色，科学设置、调整专业。撤销与市场需求不相适应的专业点近116个，增设产业升级紧缺、服务民营经济和地方特色文化产业的专业点100多个，校企合作建设专业80多个，培育了汽车、工业机器人、机电、数控、焊接、轨道交通等20余个有一定社会影响力的骨干示范专业，启动了深度对接41个产业的品牌专业群建设。

3.1.2 基本形成中等职业教育国家教学标准体系框架

经过多年持续建设，基本形成了以专业目录、专业教学标准、课程教学标准、顶岗实习标准、专业仪器设备装备规范五个部分构成的国家教学标准体系。主要包括《中等职业学校专业目录》及其设置管理办法，230个中职专业教学标准，9门中职公共基础课教学大纲、9门中职大类专业基础课教学大纲，136个职业学校专业（类）顶岗实习标准以及9个专业仪器设备装备规范等。在标准制定过程中，56个行业职业教育教学指导委员会、12 600多家企业和1 700位行业企业专家深度参与。

2017年8月30日，教育部召开新闻发布会介绍职业教育国家教学标准体系建设有关情况

 —— **案例3-2：江苏以教学标准为引领，不断提升职业学校教学质量**

依据国家教学标准体系要求，江苏加快区域特点的教学标准建设步伐，初步形成了"内容完整、门类齐全、上下衔接"的教学标准体系。

一是依据国家标准研制专业层面省级教学文件。2013—2015年先后完成中等职业教育62个主要专业指导性人才培养方案的编制工作，具体指导学校在有关专业教学实施过程中落实国家标准。二是依据国家标准研制课程层面省级教学文件。实行中等职业学校学生学业水平考试制度，先后完成中职243门、五年制高职520门专业课程标准的开发工作。完成核心课程标准的相关专业覆盖了全省中等职业学校90%以上的在校生。三是依据国家标准研制省级技能教学标准。启动38个专业类别中等职业教育技能教学标准编制工作，开展全省中等职业学校学生学业水平技能统考。首批试点的数控类和会计类专业2017年秋实施全省技能统测。

案例3-3：鲁班中餐烹饪技术首进英国学历教育

2017年5月18日，由天津市第二商业学校和英国奇切斯特学院合作建立的"鲁班工坊"正式揭牌运行。这是天津市在海外建立的第二个"鲁班工坊"，也是我国在欧洲建立的首个"鲁班工坊"。英方确定"中餐烹饪技术"项目符合英国教学质量体系，并颁发了国家学历资格认证证书，标志着"中餐烹饪技术"正式进入英国学历教育。中餐烹饪教学标准列入英格兰国家普通和职业学历框架（RQF-qualref），成为"英国鲁班中餐烹饪艺术三级学历"。学生获得相关文凭证书将有"鲁班"二字标识，名称为"鲁班中餐烹调师三级学历"。

天津市第二商业学校与英国奇切斯特学院"鲁班工坊"合作项目签约仪式

3.1.3　建立教学诊断与改进制度

2015年教育部办公厅印发《关于建立职业院校教学工作诊断与改进制度的通知》，2016年印发《关于做好中等职业学校教学诊断与改进工作的通知》《中等职业学校教学工作诊断与改进指导方案（试行）》，要求各地教育行政部门制订省级中等职业学校教学工作诊断与改进实施方案，推动指导中等职业学校自主开展诊改工作，力争通过5年左右的努力，建立和完善省级教育行政部门统筹规划、中等职业学校自主诊改、利益相关方有效参与、主管（办）部门协同改进的常态化周期性教学工作诊改制度与运行机制。2017年，各省积极推进这项工作，出台了中职诊改方案。

3.1.4　遴选建设一批高水平特色专业

2017年，教育部联合交通运输部等相关部门，组织开展先进制造业、邮政与快递、现代旅游、现代交通运输等产业发展急需的示范专业点遴选活动，确定中职32个交通运输大类示范专业点、24个旅游类示范专业点、27个装备制造类示范专业点。与此同时，积极推动全国职业院校民族文化传承与创新示范专业点建设，高度重视健康服务类、养老服务类示范专业点的打造。

南京高等职业技术学院与南京地铁集团合作成立轨道交通学院

3.1.5　探索出一批具有中等职业教育特点的教学模式

各地和中职学校积极推广项目教学、案例教学、情境教学、工作过程导向教学，探索出一批特色鲜明的教学模式。宁波充分挖掘和利用本地中华优秀传统文化教育资源，把中华优秀传统文化教育系统融入课程和教材体系；北京市昌平职业学校积极开展"三有课堂"建设的探索，综合运用情境教学法、案例分析法等教学方法，体现了"有用、有趣、有效"的教学特点；天津市美术中等专业学校探索"三合一"模式，形成了"目标引领、任务驱动、特色标新"的教学常态。

北京市昌平职业学校"三有课堂"展示课现场

3.2 实习实训

3.2.1 贯彻落实《职业学校学生实习管理规定》

2017年，教育部印发《职业学校学生实习管理规定》，联合五部门开展职业学校学生实习管理检查并进行通报和整改；组织全国800多所职业学校开展学生实习情况问卷调查；研制并公布了第一批70个专业（涉及30个专业类）和第二批66个专业的顶岗实习标准，对有关专业顶岗实习目标、安排、条件、内容和考核评价等提出基本要求。

 —— **案例3-4：江苏建立中职毕业生就业跟踪服务系统平台**

江苏省建立了"职业学校学生顶岗实习管理与毕业生就业跟踪服务

系统"，这是一个为学校、教师、毕业生、在校生、合作企业提供服务的平台。该平台能及时、准确地收集毕业生的顶岗实习和就业情况，为学校评估教学质量、分析毕业生在不同行业的就业竞争力提供数据支撑。

 —— **案例3-5：深圳强化中等职业学校实习制度建设**

深圳市中等职业学校建立和完善学生管理制度，制定了《学生顶岗实习管理流程》《学生顶岗实习管理细则》《学生顶岗实习期间班主任工作职责》《顶岗实习学生守则》《学生顶岗实习优先推荐规定》《学生顶岗实习安全汇报制度》《学生毕业实习评价方案》等规章制度，将实习安排纳入人才培养方案和教学计划；为全体实习学生购买了实习责任保险及校方责任保险；学校与家长及学生签订《学生顶岗实习协议书》《学生校外顶岗实习安全协议书》《实习申请书》，与实习单位签订《校企学生顶岗实习协议书》。

3.2.2 确定15个国家级开放式公共实训基地

2017年，教育部确定15个国家级开放式公共实训基地，为实训基地建设树立标杆，发挥引领和带动效应。各地稳步推进实习实训资源建设，福建省依托教育园区、工业园区、龙头企业立项建设14个公共实训基地和40个省级专业群实训基地；联合网龙公司共建33个省级VR/AR实训基地，争取企业赞助价值近1亿元的实训

江苏泰州机电高等职业技术学校校企协同育人教学开放日活动

设备和软件，形成开放共享、优势互补的职业学校实训平台。

 —— 案例3-6：慈溪杭州湾中等职业学校通过政、校、行、企多方聚力建设实训基地

慈溪杭州湾中等职业学校与企业共建校内外生产实习基地。上汽大众向学校捐赠了汽车整车、发动机、变速器等设备设施178余万元，建立了校内实训基地；慈星股份机器人公司在校内建立了焊接机器人实训基地；焊接专业实训基地获中央财政支持，电气自动化实训基地、数控加工实训基地被评为浙江省实训基地。

3.3 师资队伍

3.3.1 师生比由1：19.84提高至1：19.59

2017年，中等职业学校共有教职工107.62万人，其中专任教师83.68万人，占比77.76%，比2016年的77.30%提高了0.46个百分点；生师比为19.59：1，比2016年的19.84：1有所提高；专任教师本科以上学历占到90%以上；聘请校外教师总数92 005人（表3-2、表3-3）。各地进一步采取措施，改善师资结构，如四川省督促指导各校落实《四川省中等职业学校机构编制管理暂行规定》，允许中职学校实行定编不定人的管理方式，在编制总数10%内自主聘用具有执业资格的专业技能人才，优化师资结构。

表3-2 2015—2017年中等职业学校数、教职工数、专任教师数情况

	学校数（所）	教职工数（万人）	专任教师数（万人）	生师比
2015年	11 202	110.18	84.41	20.47：1
2016年	10 893	108.61	83.96	19.84：1
2017年	10 671	107.97	83.92	19.59：1

表3-3 2017年中等职业教育教师结构情况

专任教师本科以上学历人数	专任教师本科以上学历占比	专任教师硕士以上学历人数	专任教师硕士以上学历占比	专任教师中高级职称人数	专任教师中高级职称占比	聘请校外教师数
586 513	91.59%	48 955	7.64%	162 415	25.36%	92 005

数据来源：教育部《中国教育事业发展统计简况2017》（不含技工学校）。

3.3.2 实施五年一周期的教师全员培训

2017年，教育部办公厅印发《职业院校教师素质提高计划项目管理办法》，组织职业院校教师分层分类参加国家级培训，带动地方有计划、分步骤实施五年一周期的教师全员培训。推进教师和企业人员双向交流合作，建立教师到企业实践和企业人才到学校兼职任教常态化机制，创建一批中职教师专业技能创新示范团队。截至2017年年底，已建立北京理工大学等93个全国重点建设职教师资培养培训基地、四川长虹电子集团有限公司等8个全国职业教育师资专业技能培训示范单位、中国铝业公司等10个全国职教教师企业实践单位，引导各地建立了300个省级职教师资培训基地、580多家教师企业实践单位，搭建1 100多家用于教师培训的校企合作平台。

湖北城市职业学校开展青年教师课堂控制能力培训

— **案例3-7：云南通过"三名工程"助力教师队伍素质提升**

云南省制定出台了《云南省职业院校教师队伍素质提升计划实施方案》，争取255万元中央资金补助支持中等职业学校50名特聘教师计划，2 000万元国培计划项目培训中等职业教育教师690人，354.1万元省本级师资培训经费培训中职教师400人，122.5万元西部地区人才培养特别项目培训中职教师30人（出国培训），开展了全省第一批、第二批共计29名中职"云岭教学名师"的考评工作。积极推进名师培养工程、名校长培养工程、教师素质提升工程的"三名工程"建设工作，充分发挥"云岭教学名师""名师工作室""春城教学名师""教坛新秀"等平台的引领示范作用，由全省各级教育部门统筹组织开展各类教师培训培养17 250人次，有效提高了教师队伍的整体水平。

3.3.3 "双师型"教师占比超过三成

围绕"双师型"教师的标准要求，切实提升中等职业学校教师队伍整体素质和建设水平。根据13个省市中职质量年报统计，全国中职学校"双师型"教师占专任教师比例约为32.72%。各地不断创新师资队伍建设经验。江苏省构建具有职业教育特色的教师管理制度，制定"双师型"非教师系列专业技术证书目录，吸引优秀技术技能人才从事职业教育。甘肃省实施"双千计划"（千名教师进企业，千名技术人员进学校），2017年共培训"双师型"教师1 228人次。上海市开展企业实践市级培训，2017年在29个企业实践基地共实施了60个培训项目。

 — **案例3-8：安徽省亳州中医科技学校打造一流"双师型"师资队伍**

安徽省亳州中医科技学校强化内育外引，打造一流"双师"队伍。一是抓好教师专业技能提升。先后培养专业带头人13名、骨干教师44名、"双师型"教师164名、国家和省现代学徒制试点工作校企双方专业导师32人。二是大力引进高层次技术技能人才。成功引进高级技师1人，建成"黄乾中药名师"等4个省级工作坊，全校中医专业执业药师已达

21人。三是加强兼职教师队伍建设。从医院、药企聘请55名技术骨干，建立兼职教师人才库。

 —— **案例3-9："于建友国家级技能大师工作室"落户烟台城乡建设学校**

于建友是烟台城乡建设学校1990届毕业生，烟建集团培养出的全国"抹灰状元"，曾荣获"全国劳动模范""全国十佳杰出青年岗位能手""全国新长征突击手""全国技术能手"等荣誉称号。该校友与烟台建设集团合作建立了"于建友国家级技能大师工作室"，落户烟台城乡建设学校，为全国启动的首批50个国家级技能大师工作室之一（全国建筑行业唯一一家）。

"于建友国家级技能大师工作室"成为世界技能大赛瓷砖贴面项目中国训练基地

3.3.4 11名中职学校教师入选国家"万人计划"教学名师

2017年，中等职业学校共有11人入选国家"万人计划"教学名师候选人名单（表3-4）。各地着力提升教师队伍的专业素养、创新能力和社会声誉。天津市启动职业院校名师、名校长评选认定工作，引进一批专业领军人才。河南省开展"中等职业学校师德师风主题教育月"活动，遴选出12名"践行师德，铸就师魂"典型，推动了中等职业学校师德师风建设。江苏省继续开办"职业教育领军人才高级研修班"，培养造就职业教育教科研专家、教学名师、专业带头人，在全省推动建设了135个名师工作室。

表3-4 第三批国家"万人计划"教学名师（中职入选11人）

序号	姓名	所在学校	省（自治区、直辖市）
1	肖友才	沈阳市装备制造工程学校	辽宁
2	张泽民	黑龙江省鸡西市职业教育中心	黑龙江
3	崔志钰	江苏省海门中等专业学校	江苏
4	沈柏民	浙江省杭州市中策职业学校	浙江
5	于万成	青岛工贸职业学校	山东
6	郭萍	湖北省仙桃市理工中等专业学校	湖北
7	段小清	湖南省邵阳工业学校	湖南
8	卓良福	深圳市宝安职业技术学校	广东
9	陈良	广西理工职业技术学校	广西
10	曹礼静	重庆市荣昌区职业教育中心	重庆
11	朱照红	西藏拉萨市第二中等职业技术学校	西藏

—— **案例3-10：从中职生到"卓百万"——"万人计划"教学名师卓良福**

　　卓良福和职业教育结缘源于当年中考失利。当时他心有不甘："我落榜并不意味着人生就此失去希望，只要知识和技能过硬，一样能成才！"于是，他走上了职业教育的求学之路。2002年年初，他选择到佛山市一

"卓良福名师工作室"挂牌仪式

家中小型模具公司工作。2005年，卓良福凭借过硬技术被"挖"到宝安职业技术学校任职。因为只有中专学历，卓良福受到一些质疑。他埋头苦干，用心钻研教学。2009年他被认定为深圳市高层次专业人才，市政府给他发放了100万元住房补贴，他成为深圳中职系统唯一获得百万安家补贴的人才。此后，他又被评为"享受国务院特殊津贴专家"、广东省"特支计划"教学名师等。近年来，卓良福还编著了11本教材，解决企业50多项难题，研发出13项国家专利，累计培养出高水平教师团队18人，他参与指导的学生谢海波更是获得了世界技能大赛数控项目第三名。

3.4 信息化教学

3.4.1 中职互联网接入率近90%

2017年，中央电化教育馆确定148所职业院校为数字校园建设实验校，其中，中等职业学校入选83所。据2017年中国互联网学习白皮书显示，全国中等职业学校互联网接入率为**88.14%**，63.74%的教师和49.98%的学生对接入网络进行学习的网络响应速度表示满意；69.99%的教师和62.39%的学生对现阶段互联网学习支持服务感到满意。数字校园的基础能力进一步提升，为学校的教学与管理信息化、大数据集成等奠定了基础。

88.14%
—
中等职业学校
互联网接入率

 —— **案例3-11：四川省稳步推进中职数字校园建设**

四川省按照《教育部关于进一步推进职业教育信息化发展的指导意见》，制定发布了《四川省中等职业学校数字校园建设指南（试行）》，同时将信息化建设作为双示范建设的重点内容纳入考评。开展全省信息化教学大赛，遴选推荐优秀选手参加国家级信息化教学大赛。遴选3所中职学校申报第三批职业院校数字校园建设实验学校，有序推动职业院校信息化建设进程。大力提升职业教育信息化基础能力，推进中职学校"三通两平台"和数字校园建设，推进信息技术与职业教育深度融合。

3.4.2 近四成教师能较好实施互联网教学

2017年中国互联网学习白皮书显示，近八成教师参加过互联网学习，39.19%的教师能很好地适应和实施互联网教学，61.37%的学生能够适应互联网学习。

3.4.3 全国职业院校技能大赛教学能力比赛成为教师信息素养提升的平台

全国职业院校技能大赛教学能力比赛的吸引力不断增强。2017年，共收到36支参赛队伍的1 586件参赛作品，参赛教师达到4 114名，参赛作品和参赛教师均创历届新高。中职组产生一等奖77名、二等奖120名、三等奖207名。各地和学校积极利用这一平台，建立多级赛事体系，带动教师信息化教学能力提升，推动信息化教学改革与创新。

 —— **案例3-12：智慧校园建设为教学插上腾飞的翅膀**

常州刘国钧高等职业技术学校以智慧校园建设服务教学，组织开展"微课程设计与制作""建慕课，翻转课堂，体验全新的大学教学""互联网＋时代信息化教学模式与改革"等多场专家报告，引导教师利用信息化手段来促进自身发展和教学创新。采取"依托网络，线上学习；应用技术，线下实践；平台互动，混合研修"的方式，将技术融于教师培训，提升了教师的信息技术应用能力。以教研室为单位，定期召开"信息化课改课程实施研讨会"，全面推进信息化教学改革。举办以"信息化"为主题的教学开放日活动，在市级、省级范围内进行交流，获得同行的检验和指导。信息技术与教学深度融合，提升了教师信息化教学水平，提高了学生主动学习的能力，完善了信息化资源建设。

04

产教融合 > > >

产教融合、校企合作是职业教育的基本办学模式，深化产教融合、校企合作是推进职业教育体制机制改革的根本方向。开展集团化办学是深化产教融合、校企合作的重要途径，建立现代学徒制则是实现工学结合、知行合一的有力抓手。近年来，中等职业学校在产教融合、校企合作方面不断取得新突破。

4.1 行业指导

4.1.1 56个行业职业教育教学指导委员会汇聚3 000余名专家，覆盖95%的中职专业

行业参与职业教育的机制不断完善，组织机构日益健全，参与面不断扩大，教育部委托相关行业主管部门或行业组织牵头成立教学指导委员会，形成了政、行、企、校合力推进职业教育改革发展的大格局。河南成立了由教育厅、人社厅、发改委、财政厅等部门和行业协会、企业、职业院校组成的职业教育校企合作促进委员会，负责全省职业教育校企合作工作。

4.1.2 发布了近60个行业人才需求预测与专业设置指导报告和13个行业职业教育年度报告

2017年，教育部指导开展全国性的职业教育与产业对话活动18场。全国各地也纷纷举办各种形式的职业教育产教对接活动。行业在对接产业发展需求，统筹职业教育行业规划，规范专业建设，制定职业教育教学标准，评价行业人才，评估职业教育质量等方面发挥了重要作用，行业指导职业教育创新发展的能力不断提升。

 —— 案例4-1：行业积极探寻促进教育与产业深度融合的有效路径

石化行业：联合教育部发布《关于加快发展石油和化工行业现代职业教育的指导意见》，对行业职业教育进行顶层设计；成立"渤化职业

教育集团",将教育与经济、党建、科技工作同部署、同落实,将行业教育资源和教育布局统一整合、统一规划、统一管理。交通行业:交通运输部联合教育部印发《关于加快发展现代交通运输职业教育的若干意见》。卫生行业:起草《关于深化医教协同产教融合 加快推进卫生职业教育改革与发展的意见》。旅游行业:国家旅游局推出《关于加快发展现代旅游职业教育的指导意见》。航空行业:民航局发布《民航教育培训"十三五"规划》。机械、有色金属、供销、水利等行业联合教育部,分类制订专项政策。宁波教育局与行业部门合作成立了6个行业指导委员会,强化行业主管部门指导、评价和服务职业教育的作用。

4.2 校企合作

积极探索多样化校企合作育人模式

各地出台了一系列政策举措推动中等职业学校广泛开展"订单培养"、校中厂、厂中校、现代学徒制等探索,中等职业学校校企合作改革不断深化。江苏省通过推进"引企入校""办校进厂""企业办校""校办企业",每年"订单培养"规模占招生总量的20%。吉林、河南、江西、广西、四川通过以奖代补、购买服务等方式,支持校企共建技术工艺和产品开发中心、技能大师工作室等,推动技术技能积累。天津市校企合作参与企业1 119家,校均27家,校企共建校外实习实训

北京市昌平职业学校实现企业任务与教学内容完全对接

基地781个，校均19个；深圳市校企合作参与企业1 299家，校均54家，合作企业接受毕业生就业占直接就业毕业生总数的45%。

 —— **案例4-2：江苏武进职业教育中心校与联想集团开展全方位合作**

　　江苏武进职业教育中心校基于企业以典型工作任务为主线的"证书性学习、生产性实训、顶岗性实习"的三阶段人才培养模式和校中企的合作优势，依托联想PSTD能力评估模型和LCSE认证体系，建立IT服务专业的"技术＋素质＋实训＋顶岗实践"的一体化课程体系，联想安排通过企业认证的专业讲师深入学校，通过企业讲师的知识点授课、服务技能和流程的实训、服务中心顶岗实践三个阶段的培养，使学生在专业技能、职业素养和实践能力等方面达到LCSE认证标准，完成从"学校人"到"职业人"的转变。

 —— **案例4-3：丰台区职教中心牵手互联网企业培养电商人才**

　　北京市丰台区职业教育中心学校瞄准区域产业发展需求，探索与知名互联网企业深度合作来培养电商人才。该校"牵手"百度、阿里巴巴、腾讯三家互联网企业，深入开展校企合作。百度公司的互联网营销讲师不仅进入该校课堂、教研组、实训基地，而且参与到招生和学生就业指导工作中。现在，该校电子商务专业已成为北京市骨干专业，每年能招4～5个班，近3届毕业生就业率均达到100%。

4.3 集团化办学

4.3.1 **51.35%**的职教集团由中职学校牵头成立

近年来，我国职业教育集团化办学发展势头强劲。

51.35%

职教集团由
中职学校牵头成立

截至2016年，全国已成立各级各类职业教育集团1 406个，其中，由中职学校牵头组建的集团已达到722个，覆盖了除西藏自治区之外的所有省（自治区、直辖市），涵盖三次产业，呈现出快速发展态势（图4-1）。

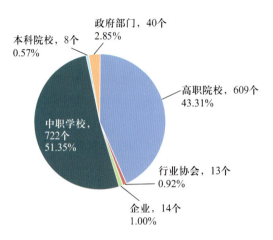

图4-1　职业教育集团牵头单位所占比例

4.3.2　近半数中职学校参与集团化办学

全国有4 591所全日制中职学校参与职业教育集团，占全国全日制中职学校数（不含技工学校）的47.58%。全国职业教育集团的成员单位总量（去除重复参加单位）为35 945个，其中中职学校占比达到12.77%（图4-2）。职业教育集团化办学汇集多方资源，促进了全社会各类职业教育资源的整合。中等职业学校和企业通过

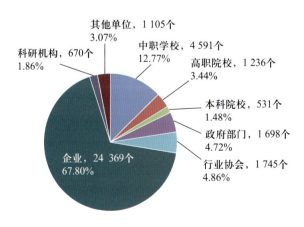

图4-2　职业教育集团各类成员单位占比情况

共建共享、优势互补，实现教育过程与生产过程融合，增强了人才培养的针对性和有效性。

4.3.3 资源共建共享

各地中职学校通过集团化办学积极促进职业教育资源优化配置，实现资源共享、优势互补。集团成员推动专业共建，适应并服务于区域产业发展需求；推动课程共建，打造国家级精品课程或省级精品课程，使精品课程建设规范化、标准化；推动师资共建，提升师资队伍的整体水平，实现职教集团内校企人力资源的有效共享；推动基地共建，实现教学与真实岗位的紧密对接，强化学生职业素养和实践动手能力的培养。

 —— 案例4-4：福建开展多元投资主体共建职教集团

福建省积极开展多元投资主体共建职教集团改革试点，引导行业、企业、职业院校等主体，以资本为纽带、以行业为龙头，组建企业法人型职教集团，2016年以来共遴选培育项目15个。这些职教集团由各方共同出资，集团成员合作关系紧密，在资源共享、优势互补、合作育人、合作发展方面优势明显。2017年印发《福建省示范性职业教育集团建设指导意见（试行）》，推进职教集团以体制机制创新为重点，以培养人才为主线，实现协同育人、资源共享、优势互补、共同发展，增强服务产业转型升级能力。

 —— 案例4-5：院县共建，经济效益和社会效益双丰收

黑龙江农垦职业教育集团与讷河市、五大连池市、富裕县等8个县（市）深入开展"院县共建"活动。3年来，先后投入1 100余万元建设了集培养与培训、科研与技术研发功能于一体的集团共享的北大荒现代农业实训示范园，合作建设远程数字化培训终端7个；开展新型职业农民培训3 300余人次、新型农民合作专业组织带头人及骨干培训5 200人次，新型农场主培训280人次，新型青年农场主培训1 700人次，农机、种植、养殖及管理专业技术人才培训79 623余人次，农民创业培训3 500余人次，食品安全与营养检测培训700余人次，县级职教中心教师培训157人次；建立职业院校教师培训基地8个。"院县共建"活动取得了良好的经济与社会效益。

 —— 案例4-6：世界500强行业龙头企业牵头组建职业教育集团

2016年5月，由国际500强企业联想集团牵头，联合110所职业院校、多家行业学会和科学院所以及30多家相关行业知名企业共同设立的联想职业教育集团正式成立。该集团依托平台资源，共创专业建设、创新育人、合作就业等方面的新模式，将ICT产业的人才培养培训标准和培养方案引入院校，提升应用型人才和技术技能型人才培养质量，促进学生在校期间职业素养、行业知识和技能的提升，打造阳光自信、规范严谨、技术过硬的ICT技能人才，有效推动产业转型升级和社会经济发展，有力支撑我国ICT行业发展。

4.3.4 推动人才系统培养和对接培养

集团化办学中重点探索了中高职对接培养、中职本科衔接培养等多种人才系统培养形式，为中职学生打通成长通道，满足中职学生多样化成长发展的需求。同时，集团院校培养的技术技能人才直接对接集团内企业或行业，形成直接对口就业模式，目前，职业教育集团成员院校毕业生集团内就业达200多万人，对口就业率明显高于非集团化办学院校。

4.4 现代学徒制

4.4.1 **94**所中等职业学校成为现代学徒制试点单位

2015年教育部正式启动国家现代学徒制试点工作，

94所

——

中等职业学校成为

现代学徒制试点单位

先后三批（2015、2017和2018年）共遴选出552个现代学徒制试点单位（表4-1、表4-2、表4-3），其中包括中等职业学校94所。目前，教育部备案审核了163家首批现代学徒制试点单位，共计参与企业1 878家，院校370所，试点专业535个，涉及学生36 228人。

表4-1 教育部首批现代学徒制试点中职学校

序号	学校	省（自治区、直辖市）
1	北京市昌平职业学校	北京
2	承德工业学校	河北
3	呼和浩特市商贸旅游职业学校	内蒙古
4	沈阳市化工学校	辽宁
5	长春市农业学校	吉林
6	大庆市蒙妮坦职业高级中学	黑龙江
7	上海电子工业学校	上海
8	亳州中药科技学校	安徽
9	福建省福州旅游职业中专学校	福建
10	江西省医药学校	江西
11	德州交通职业中等专业学校	山东
12	洛阳铁路信息工程学校	河南
13	重庆工商学校	重庆
14	四川省达州中医学校	四川
15	贵阳铁路工程学校	贵州
16	玉溪工业财贸学校	云南
17	西藏日喀则市职业技术学校	西藏
18	陕西省电子工业学校	陕西
19	平凉理工中等专业学校	山西
20	青海省工业职业技术学校	青海
21	中卫市职业技术学校	宁夏

续表

序号	学校	省（自治区、直辖市）
22	新疆工业经济学校	新疆
23	第一师阿拉尔职业技术学校	新疆生产建设兵团
24	宁波市鄞州区古林职业高级中学	浙江
25	宁波市北仑职业高级中学	浙江
26	厦门工商旅游学校	福建
27	深圳市第一职业技术学校	广东

表4-2 教育部第二批现代学徒制试点中职学校

序号	学校	省（自治区、直辖市）
1	北京市电气工程学校	北京
2	河北省科技工程学校	河北
3	衡水市职业技术教育中心	河北
4	石家庄工程技术学校	河北
5	唐山市第一职业中等专业学校	河北
6	山西省忻州市原平农业学校	山西
7	大连市轻工业学校	辽宁
8	哈尔滨轻工业学校	黑龙江
9	上海海事大学附属职业技术学校	上海
10	上海市杨浦职业技术学校	上海
11	上海信息技术学校	上海
12	常州刘国钧高等职业技术学校	江苏
13	江苏省常熟中等专业学校	江苏
14	江苏省太仓中等专业学校	江苏
15	南京金陵中等专业学校	江苏
16	盐城机电高等职业技术学校	江苏
17	绍兴市柯桥区职业教育中心	浙江

续表

序号	学校	省（自治区、直辖市）
18	安徽金寨职业学校	安徽
19	河南信息工程学校	河南
20	湖北十堰职业技术（集团）学校	湖北
21	醴陵市陶瓷烟花职业技术学校	湖南
22	佛山市顺德区陈村职业技术学校	广东
23	广东省食品药品职业技术学校	广东
24	重庆市江南职业学校	重庆
25	重庆市农业学校	重庆
26	重庆市渝北职业教育中心	重庆
27	攀枝花市华森职业学校	四川
28	首钢水城钢铁（集团）责任有限公司中等专业业学校	河北
29	凤冈县中等职业学校	贵州
30	鹤庆县职业高级中学	云南
31	拉萨市第二中等职业技术学校	西藏
32	陕西省电子信息学校	陕西
33	天水市职业技术学校	甘肃
34	西宁市第一职业技术学校	青海
35	阜康市职业中等专业学校	新疆
36	奇台中等职业技术学校	新疆
37	新疆安装工程学校	新疆
38	新疆生产建设兵团第三师图木舒克职业技术学校	新疆

表4-3 教育部第三批现代学徒制试点中职学校

序号	学校	省（自治区、直辖市）
1	北京市商业学校	北京
2	邯郸市肥乡区职业技术教育中心	河北

续表

序号	学校	省（自治区、直辖市）
3	河北经济管理学校	河北
4	山西省铁路工程学校	山西
5	长春市第二中等专业学校	吉林
6	黑龙江省商务学校	黑龙江
7	上海市建筑工程学校	上海
8	苏州工业园区工业技术学校	江苏
9	衢州中等专业学校	浙江
10	绍兴市中等专业学校	浙江
11	单县职业中等专业学校	山东
12	山东省莱阳卫生学校	山东
13	常德财经中等专业学校	湖南
14	湘西经济贸易学校	湖南
15	东莞理工学校	广东
16	东莞市纺织服装学校	广东
17	广西理工职业技术学校	广西
18	四川仪表工业学校	四川
19	重庆市奉节职业教育中心	重庆
20	重庆市九龙坡职业教育中心	重庆
21	重庆市南川隆化职业中学校	河南
22	重庆市女子职业高级中学	重庆
23	贵州省交通运输学校	贵州
24	金沙县中等职业学校	贵州
25	遵义市旅游学校	贵州
26	甘肃省冶金高级技术学院	甘肃
27	青海省水电职业技术学校	青海
28	青海省重工业职业技术学校	青海
29	宁夏回族自治区农业学校	宁夏

4.4.2 政府引导统筹推进机制基本形成

各地大力推进本地区的现代学徒制试点工作，全国 **18个省市** 下发相关政策支持文件（表4-4）。吉林市等7个试点地区成立了由主管教育副市长担任组长、多部门共同参与的领导小组，建立定期联席会议制度，共同探讨解决现代学徒制试点过程中的重大问题。初步形成了政府引导统筹推进机制。试点工作有效深化了产教融合、校企合作。

18 个省市
—
制定现代
学徒制政策

表4-4 现代学徒制地方政策

省（自治区、直辖市）	政策文件	发文单位
福建	关于加快推进现代学徒制项目建设工作的通知（闽教职成〔2015〕41号）	福建省教育厅
山东	关于印发山东省职业院校现代学徒制试点工作实施方案的通知（鲁教职字〔2015〕22号）	山东省教育厅
广东	关于大力开展职业教育现代学徒制试点工作的实施意见（粤教高〔2016〕1号）	广东省教育厅、经信委、财政厅、人社厅
湖北	关于印发湖北省职业院校现代学徒制试点工作方案的通知（鄂教职成〔2016〕2号）	湖北省教育厅
江苏	关于推进现代学徒制试点工作的通知（苏教职〔2016〕26号）	江苏省教育厅
上海	关于公布首批上海市中等职业学校现代学徒制试点项目的通知（沪教委职〔2015〕25号）、上海市中等职业学校现代学徒制试点工作要求（试行）	上海市教委
浙江	关于开展现代学徒制试点工作的通知（浙教职成〔2016〕31号）	浙江省教育厅、发改委、经信委、财政厅、人社厅、国资委
四川	关于开展现代学徒制试点工作的实施意见（川教〔2015〕44号）	四川省教育厅、经信委

续表

省（自治区、直辖市）	政策文件	发文单位
山西	关于开展全省职业教育现代学徒制试点工作的通知（晋教职〔2018〕10号）	山西省教育厅
吉林	关于开展2016年度职业教育现代学徒制试点工作的通知（吉教职成字〔2016〕42号）	吉林省教育厅
黑龙江	关于开展职业教育现代学徒制试点工作的实施意见（黑教发〔2017〕68号）	黑龙江省教育厅
安徽	关于印发安徽省开展现代学徒制试点工作实施方案的通知（皖教职成〔2015〕4号）	安徽省教育厅、省经信委
河南	关于开展2017年度现代学徒制试点工作的通知（教职成〔2017〕350号）	河南省教育厅
贵州	关于开展现代学徒制试点工作的通知（黔教办职成〔2016〕53号）	贵州省教育厅
云南	云南省职业院校现代学徒制试点工作实施方案（试行）	云南省教育厅
陕西	关于做好2017年度现代学徒制试点工作的通知（陕教高办〔2017〕18号）	陕西省教育厅
甘肃	关于做好2017年度现代学徒制试点工作的通知	甘肃省教育厅
重庆	关于开展中职学校现代学徒制试点工作的通知（渝教职成发〔2016〕26号）	重庆市教委

 —— **案例4-7：成都市多种实践模式推进现代学徒制试点**

一是"学校＋企业＋行业＋集团"方式。试点单位成都现代职业技术学校与川内美容美发企业、成都市美容美发行业协会、成都市美容美发职业教育集团研究出"六步法递进式"的美发与形象设计专业人才培养模式。二是"学校＋企业＋第三方"方式。试点单位成都汽车职业技术学校联合吉利公司（沃尔沃公司）、一汽大众成都公司，搭建起政府—行业—企业—院校合作平台，形成了多方协同育人模式。三是"中职学校＋高职学校＋企业＋集团"方式。成都青苏职业中专学校、成都工业职业技术学院、北京络捷斯特有限公司、成都财经商贸集团以长风模式、定制化培养等途径探索"企业领办专业"的现代学徒制人才培养模式。

4.4.3 破解企业人力资源难题

现代学徒制通过工学交替、岗位成才的培养模式，实现人才培养和岗位需求的零距离对接，有效破解了企业选人、育人、用人和留人难题，也促进了职业教育质量和水平的提升。同时，现代学徒制深化了考试招生制度改革，形成综合评价、多元录取的招生招工一体化模式，为多样化人才成长成才提供了实现路径。

 —— 案例4-8：现代学徒制的"北仑模式"

> 宁波市北仑职业高级中学通过校企联合招生，共同制订现代学徒制人才联合培养方案，共同实施教学过程对接企业生产过程，共同开展以"职业身份"为载体的校企联合评价。每个实行现代学徒制的班级都配有2+X位导师组成的强大导师团队。导师团队由学校首席导师和企业首席导师"双导"为主，联合X个企业师傅，对学生的选课、专业技能成长及综合素质养成进行全程指导。学校根据不同专业的特点和企业生产的要求，采用灵活的教学形式，将校企双主体育人的概念贯穿学生整个校园生涯，创建了三阶段成才的人才培养模式，即第一学年的"职业融入"、第二学年的"工学交替"、第三学年的"综合实训"。学校为每个毕业生提供3～5个优秀岗位供其选择，毕业生一次性就业率连续5年在98%以上，最终就业率100%，对口就业率89.7%以上。目前该校已实现深度合作企业94家，行业16个。

4.4.4 形成四位一体协同推进格局

在推进现代学徒制试点中，地方、企业、院校、行业四方共同努力，初步形成四位一体协同推进的格局。成都市教育局联合多部门印发实施《关于开展现代学徒制试点工作的实施意见》，政府牵头构建"政府引导、行业参与、社会支持、合作共赢、职责共担的现代学徒制"市域统筹机制。宁波市依托市县两级职业教育联席会议，成立现代学徒制试点工作领导小组，统筹协调全市试点工作。

 —— **案例4-9：天津市机电工业学校现代学徒制精准培育企业准员工**

天津市机电工业学校与奥的斯电梯有限公司开展现代学徒制，精准培养电梯安装与维修准员工。学校成立了由校、企、研组成的校企合作领导小组和专业指导委员会，共同研制培养方案，共同设计教学环境，共同建设实训基地，共同实施教学过程，共同进行教学管理，共同开展教学评价。奥的斯安排国内具有最高技术等级的三名黑带培训师之一担任基地导师，具有丰富经验的技术骨干担任兼职教师，形成了校企一体共育人才的教学模式。经过三年培养，准员工成为具有精益求精工匠精神、掌握精准专业技能、具备精细服务能力、熟悉生产与管理的高素质技能人才。目前，首批奥的斯班93名准员工全部考取了电梯维修保养人员上岗证，分别在北京、上海、天津、深圳、杭州等分公司就职。准员工的精准技能和精致服务得到企业充分肯定、用户高度评价。

天津市机电工业学校企业师傅带学徒

4.4.5 建立现代学徒制实施的行业标准

试点行业组织对照产业标准和规范，制定一系列现代学徒制实施行业标准。有色工业人才交流中心制定了有色金属行业现代学徒制的企业标准、企业导师标准，并开发出一批基于岗位工作内容、融入国家职业资格标准和"工匠精神"的专业教学课程和教材。

 —— **案例4-10：现代学徒制的"太仓样板"**

2017年，太仓市成立全国首个"双元制"本土化职教联盟。来自江苏、湖南、宁夏、天津等4省市的10所学校、5家企业入盟。联盟整合学校、企业和行业资源，为开展校企"双主体"教育教学活动提供平台支持。太仓中专以"双元制"本土化实践为载体，以推进现代学徒制为抓手，不断完善工学结合、学做一体人才培养模式的做法和经验。在现代学徒制培养过程中着力在共同制订培养方案，共同制订各类标准，共同建设专业课程和课程体系，共同开发专业教学相关要素，共同实施教学环节等五个方面特色化推进现代学徒制工作，打造现代学徒制的"太仓样板"。

江苏省太仓中等专业学校模具专业学徒在合作企业慕贝尔德国总部公司实习

— **案例4-11：南京金陵中等专业学校校企共建"宝马BEST"，双元育人铸品牌**

　　南京金陵中等专业学校与宝马集团共同创建的"宝马BEST项目"，是学校汽车检测与维修技术专业对德国"双元制"模式校本化、本土化创造性的实践，改革了以学校和课堂为中心的传统人才培养模式，建立了校企联合招生、共同培养、资源共建共享、一体化育人的长效机制，创建了"学生—学徒—准员工—员工"四位一体的人才培养模式，构建了基于岗位（群）工作过程的专业课程体系，建立了"双导师制"的师资队伍，健全了现代学徒制配套管理制度，达到了与企业紧密对接，形成了学校与企业"双元"融合互动的综合性育人模式。BEST项目已培养1 000多名机电技师、服务顾问、钣金技师和喷漆技师进入江浙沪皖50多家宝马经销商及各大企业工作，大部分毕业生已成为企业骨干。

05

服务贡献 > > >

服务贡献是中等职业教育办学质量的外在表现，主要体现在调整优化了就业结构，承担了大量社会培训，为行业企业提供了人才支撑和技术服务。中等职业教育在民族文化传承、东西协作、精准扶贫战略中也发挥了不可替代的作用。

5.1 人才支撑

5.1.1 有效保障了新生劳动力供给

2012年开始，我国劳动力人口开始逐年下降（图5-1），而中等职业学校每年向社会输送**400万以上**毕业生，有效保障了新生劳动力的供给。

400万以上
—
中等职业学校
每年毕业生

图5-1　2013—2017年中国16 ~ 59岁（含不满60周岁）劳动力人口走势

数据来源：2017年中国劳动力、就业趋势、新增就业人数、失业人数及失业率情况分析。

5.1.2 促进了一线产业工人技能水平提升

2017年，全国中等职业学校向社会输送毕业生406.40万人，其中，321.83万人获得职业资格证书；面向社会开展职业资格证书培训173.07万人、岗位证书培训154.76万人[①]；承担各类社会培训特别是企业员工培训 **463.99万人**，为提升一线产业工人的技能水平做出了贡献。

463.99万人
－
参加企业
员工培训

5.1.3 改善了劳动力素质结构

2017年我国劳动年龄人口平均受教育年限为10.5年。人力资源和社会保障部发布的2014—2016年《中国劳动统计年鉴》显示，我国劳动人口中，初中及以下文化程度占比逐年减少，高中阶段文化程度占比逐年上升（表5-1），中等职业教育在提升劳动人口学历层次方面发挥了重要作用。

表5-1　2014—2016年全国就业人员受教育程度构成

	初中及以下（%）	高中阶段（%）	大专及以上（%）
2014年	68.3	17.1	14.6
2015年	66.6	17.2	16.1
2016年	63.9	17.3	18.8

数据来源：2014—2016年《中国劳动统计年鉴》。

 ── **案例5-1：哈尔滨市中等职业技术学校助力社区教育开展全民培训**

黑龙江省哈尔滨市现代服务中等职业技术学校加入哈尔滨市社区教育联盟，建立道里区社区学院，发挥学校现代服务类专业特长，充分利用学校的师资、设备、场地等条件，通过举办茶艺、烹饪、礼仪、美容

---

① 数据来源：教育部《中国教育事业发展统计简况2017》。

美发等培训，积极开展对农村劳动力转移人员、企业下岗工人、企业员工和社区居民的培训。2017年，开设社区教育大讲堂，共开设智能手机、摄影、养生保健、西式面点、中式面点、丙烯画、传统面塑、旅游英语、文学欣赏、服饰礼仪、太极拳等22门课程，面向道里社区招生，培养毕业生567人，培训学员6 000余人，提高了受训人员的就业能力，促进了社会稳定，树立了良好的社会形象。

5.1.4 为现代农业产业培养毕业生17万人

全国中等职业学校在培养新型职业农民中发挥了重要作用。辽宁、广东、河北、湖南等地中职学校通过创新培训模式、开展"送教下乡"等，广泛开展新型职业农民培训，为农村培训了大批现代农业生产经营者和致富带头人。2017年，到农林牧渔业就业的中职毕业生有**16.96万人**。辽宁省农业经济学校、山西省畜牧兽医学校等中职学校被农业部评为首批"全国新型职业农民培育示范基地"。

16.96万人

到农林牧渔业就业的毕业生

 —— **案例5-2：辽宁省农业经济学校创新教学方式，培养新型农民**

辽宁省农业经济学校开办送教下乡学历教育班，着力培养生产经营型、专业技能型和社会服务型三类新型职业农民。在教学过程中，采取大课堂与小课堂、课内教学和课外辅导、线上与线下"三结合"教学方式，既开展课堂统一教学，又走进田间地头；既有理论指导，又有实践训练，还利用多媒体、网络、电话、作业等综合施教、相互辅导，使学员共同提高、共同受益。2017年，学校招收新型职业农民学员1 700人，培训新型职业农民2 386人，并被评为农业部"全国新型职业农民培育示范基地"、中国成人教育协会农村成人教育专业委员会"全国新型职业农民培训基地"。

5.1.5 为中国制造打造新生代工匠 51 万人

中等职业教育积极服务先进制造业，根据制造业转型升级要求，优化加工制造类专业设置。2017年，到第二产业就业的中职毕业生（不含技工学校学生）有59.03万人，占就业学生总数的26.90%，其中，到加工制造业就业的毕业生有 **50.98万人**，占比为14.39%。中职学校通过设立"技能大师工作室"，举办"大国工匠进校园"等活动，将"工匠精神"培育融入人才培养全过程。

50.98 万人

—

到加工制造业
就业的毕业生

  — **案例 5-3：培养工匠人才，服务中国制造**

湖南省实施"芙蓉工匠"新生代培养计划，在全省范围内挑选100所职业院校和200家企业，共建100个"芙蓉工匠"新生代培养基地，计划培养10 000名"芙蓉工匠"，为"制造强省"提供工匠型人才支撑。

江西省印发《关于加强职业院校工匠精神培育的实施意见（试行）》，面向中职学校打造200名"技术技能名师"，推动1 000多家龙头企业与职业院校开展深度合作，培养产业发展亟需的工匠型人才。

内蒙古自治区包头机械工业职业学校特聘第9届"中华技能大奖"获奖者高级焊接技师卢仁峰，以及8位国家级技能大师，创建"大师工作站"，构建大师与师生密切互动的长效机制，传承工匠精神和经典技艺。

湖北省黄石市成立鄂东职教集团，建立"一所三基地四机构"，面向

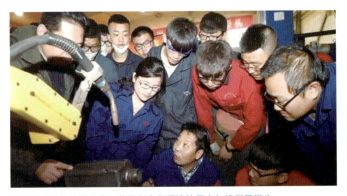

第九届"中华技能大奖"获得者高级焊接技师卢仁峰指导学生

全市大中型企业员工免费开展非全日制学历教育1 000人次，为行业企业提供"订制式"社会培训3万余人次。

5.1.6 为现代服务业培养急需人才246万人

2017年，全国中等职业学校为社会培养输送现代服务业各专业毕业生**245.93万人**（表5-2）。根据服务业转型升级要求，中等职业学校积极开设物流管理、养老服务、涉外导游、电子商务等专业。一些地方形成了地方服务业人才品牌，如河南省形成了"长垣厨师""邓州护理""信阳茶艺"等人才品牌；湖南积极打造"湘瓷工匠""湘绣工匠""湘菜工匠""湘茶艺师"等人才品牌。

245.93万人
—
现代服务类
专业毕业生

表5-2 2017年全国中等职业学校现代服务类专业毕业生专业类别分布

专业类别	交通运输类	信息技术类	医药卫生类	休闲保健类	财经商贸类	旅游服务类	文化艺术类	体育与健身类	教育类
毕业生数（人）	345 947	527 359	421 067	18 887	422 039	175 518	174 972	27 846	345 703

数据来源：《中国中等职业学校毕业生就业状况分析报告（2017年）》。

5.2 技术服务

5.2.1 多种形式为现代农业发展提供技术支持和智力支撑

中等职业学校通过开展农村实用技术培训、推广应用农业新技术、参与现代农业技术攻关、开发农业新产品、参建现代农业项目等措施，为现代农业发展提供技术支持和智力支撑。据对四川、山东、广东、安徽、山西、辽宁、湖北等7个省的302所中等职业学校抽样调查，全年开展农村实用技术培训的学校占比达**95.7%**，共推广农业新技术74项，攻克现代农业技术难题176项，开发农业新

95.7%
—
学校开展农村
实用技术培训

产品65个，参建现代农业项目548个。

 ── 案例5-4：平度市职业教育中心通过"双元制"本土化助力"三农"建设

　　山东省平度市职业教育中心历经30年，打造了"双元制"本土化的平度方案，有效服务当地"三农"建设。通过实践摸索出国际标准、高附加值的品种选育、生产、加工成熟经验，参与番茄和清丰一号小麦等5个品种太空育种项目，培育花生杂交2号新品种，催生大泽山葡萄、马家沟芹菜等19个国家地理标志保护产品，推广138项实用技术应用。用全产业链示范进行范例式教学，孵化养殖场、家庭农场和农产品深加工厂2 186个，培养新型农民创业典型169人。

5.2.2 积极开展应用技术服务

　　中等职业学校充分发挥专业教师技术专长，通过专业教师进项目、专业团队驻企业和在企业设立名师工作室等方式，为企业特别是中小企业设备升级、生产线优化、工艺改进等提供技术服务。对100所国家中等职业教育改革发展示范学校抽样调查显示，开展应用技术研究的中职学校占比达到**82%**，获得专利的学校占比达到**67%**，**79**所学校成立了技术开发中心、名师工作室、技术研究所等技术服务机构，共开展应用技术研究项目286个，获相关专利422项，与相关企业合作开展生产技术攻关163项。

82%
─
开展应用技术研究
的中职学校占比

67%
─
获得专利的
学校占比

79所
─
学校成立
技术服务机构

—— **案例5-5：各地积极组织中职学校开展应用技术服务**

2017年，河北省沧州市教育局组织各中职学校联合开展机电维修、数控机床、机械加工等技术服务项目，累计开展服务项目17项，技术服务到款额达35.38万元。

2017年，广东省佛山市组织各中职学校开展产品设计和研发等技术服务33项，完成焊缝跟踪研发、3D打印月球灯罩研发、V5三轴钻攻机低压电板研发等项目，为企业创利过百万。

 —— **案例5-6：江苏多所学校开展技术研发服务助推中小企业发展**

江苏省惠山中等专业学校陆浩刚省级名师工作室承接无锡康达塑胶机械有限公司SJSZ65动力分配箱项目，与企业工程师结成团队，根据客户需求反复修改设计，最终高质量完成为马来西亚客户项目配套的SJSZ65锥形双螺杆挤出机传动部分的核心部件，为无锡康达赢得了总价400万元的新订单。

江苏省苏州建设交通高等职业技术学校为苏州孚克萨机电科技有限公司设计研发"车用燃油式加热器电子控制单元（ECU）"，实现了原燃油式加热器电子控制单元（ECU）的技术性能改善，解决了我国北方地区柴油汽车在寒冷冬季启动困难问题。

5.3 文化传承

5.3.1 立项建设民族文化传承与创新示范专业点 106个

中等职业学校加强民族文化创新相关专业建设，着力培养民族文化传承创新技术技能人才。全国中等职业学校申报立项全国职业院校民族文化传承与创新示范专业点106个（表5-3）。2017年，106个示范专业点在校

106个

中等职业学校民族文化传承与创新示范专业点

生达58 700人、毕业生超过18 600人。

表5-3 全国中等职业学校民族文化传承与创新示范专业点分布

序号	省（自治区、直辖市）	数量	序号	省（自治区、直辖市）	数量
1	北京	6	16	湖北	3
2	天津	1	17	湖南	2
3	河北	4	18	广东	5
4	山西	3	19	广西	3
5	内蒙古	4	20	海南	3
6	辽宁	3	21	重庆	2
7	吉林	3	22	四川	6
8	上海	4	23	云南	2
9	江苏	7	24	西藏	3
10	浙江	8	25	陕西	4
11	安徽	5	26	甘肃	3
12	福建	6	27	青海	2
13	江西	1	28	宁夏	2
14	山东	4	29	新疆	4
15	河南	2	30	新疆生产建设兵团	1

数据来源：根据教育部办公厅、文化部办公厅、国家民委办公厅公布的全国职业院校民族文化传承与创新示范专业点名单统计。

5.3.2 建设民族文化教育传承创新基地

依托各地教育资源和优势，中等职业学校建设了一批民族文化教育传承创新基地，大力传承非物质文化遗产、民族技艺、民族工艺品制作等，成为弘扬和创新民族（传统）文化的有效载体。湖南省根据土家织锦、侗族织锦、蓝印花布等非遗项目需求，在加大非遗项目传承人培养培训的同时，保护传承非遗独特技能，创新非遗产品作业流程，促进了湖湘特色非遗项目传承创新。广西壮族自治区统筹资金3 600万元支持27所中职学校建设民族文化教育传承创新基地，在民族工艺等人才培养方面开展建设。贵州省财政每年安排500万元用于职业院校民族民间文化教育传承创新项目建设，2017年全省中等职业学校立项民族民间文化教育重点支持专业2个、创新团队4个、名师工作室3个。

— **案例5-7：培养独特技艺，传承优秀传统文化**

广西纺织工业学校与广西博物馆和广西金壮锦文化艺术有限公司等企业合作，建立"穿针引线"名师工作坊，采用"专家指导、坊主引领、同伴互助、自主研修"相结合的方式，研究民族服饰文化、研发民族服饰产品、培养民族服饰技能传承人。2017年，名师工作坊开发设计民族手工产品150款、开发《广西仫佬族马尾绣技艺》等特色课程3门，与广西标准技术研究院合作制订《仫佬族服饰标准》，培养仫佬族服饰独特技艺传承人175人，在当地产生了很大反响，10多家省级以上媒体进行了宣传报道。

广西纺织工业学校师生携"马尾绣"展品参加广西南宁市"壮族三月三 八桂嘉年华"创意集市活动

5.4 东西协作

5.4.1 落实东西职业院校协作全覆盖行动

2017年7月8日，教育部在甘肃兰州举行了职业教育东西协作行动计划落实工作签约仪式，北京、内蒙古、天津、甘肃、上海、云南、江苏、宁夏等东西部**16**个省（区、市）分别签订了职业教育东西协作行动计划落实协议书。广东、浙江、山东、江苏4个东部省

16个省（区、市）
—
签订了职业教育东西协作行动计划落实协议书

份与西部地区签订85个合作协议。山东、湖南、广东等东中部省（市）统筹安排国家中等职业教育改革发展示范校、国家重点中等职业学校对口帮扶西部地区中等职业学校，带动受援学校提升办学水平和人才培养质量。

 —— 案例5-8：沪喀职教联盟助力南疆职教腾飞

依托"上海—新疆喀什职业教育联盟"，上海信息技术学校等14所中高职院校与喀什地区中等职业学校等7所职业学校结成"二对一"帮扶关系。上海市奉贤中等专业学校帮助喀什地区中等职业学校建设了城市燃气输配与应用专业。上海信息技术学校援助叶城职业技术学校电子商务、珠宝玉石加工与营销两个专业的实训设备。上海市交通学校向巴楚县职业技术培训学校和莎车县第二中等职业技术学校援助青年教育课程项目，建设了集实训教学、师资培训、教产合作服务为一体的实训中心。通过来沪培训和送教上门方式，上海培训喀什地区干部和职业学校教师300余人次，选派200余人次送教上门，喀什地区7所受援学校毕业生就业率由2013年的30%提高到2017年的80%。

上海信息技术学校的老师带领新疆叶城职业技术学校学生进行教学活动

5.4.2 落实东西协作中职招生兜底行动

东西部地区省（区、市）统筹安排符合条件的中等职业学校，兜底式支持西部地区省（区、市）建档立卡贫困家庭应届、往届初高中毕业生，到东部地区省

（区、市）接受优质中等职业教育。教育部每年上半年结合部署高中阶段学校招生工作，组织东西部地区对口省（区、市）开展兜底招生合作，相关省（区、市）按照招生通知要求落实招生任务。中西部扶贫部门配合教育部门做好招生组织动员工作，动员贫困家庭子女到东部发达地区接受优质职业教育。东部发达地区的扶贫部门配合教育部门出台并落实对中西部贫困家

40万人
—
东西部
联合招生

庭子女到本地接受职业教育的特惠扶持政策。2016年，合作办学跨省招生规模达31.9万人，辐射20多个省（区、市）的2 000余所学校。2017年，继续扩大合作办学、联合招生规模，东部与西部中等职业学校联合招生达**40**万人，增长28.5%。

 — **案例5-9：云南多举措落实东西协作招生兜底行动**

东西协作招生行动以来，云南省采取"准、快、实、安"措施（"准"是底数盘清、对象精准，"快"是责任到人、行动快速，"实"是作风扎实、工作深入，"安"是思想疏导，安心学习），深入推进上海市、天津市、浙江省、江苏省等4个省市与滇西10个州市建立紧密的招生、教学协作关系，积极配合东部4个省（市）的招生工作，做好4个省（市）就读学校送读学生的思想、学习和生活工作，不仅完成了招生任务，而且学生的合格率、毕业率和巩固率均比较高。4个省（市）中等职业学校在云南共招生3 611人。

5.4.3 落实中职学校全面参与东西劳务协作行动

东部省（区、市）通过支持职业院校开展劳动预备制培训、就业技能培训、岗位技能提升培训、创业培训等，支持西部省（区、市）贫困家庭子女，特别是"两后生"就业。江苏省中等职业学校帮扶陕西省中等职业学校1 241人实现就业，其

中贫困劳动力276人；福建省福州市与甘肃省定西市签订《东西部扶贫协作劳务输转技能培训暨大中专毕业生就业专项协议》，定西市向福州市输送劳动力1 458人；广东省与贵州省实施"广黔劳务协作红棉计划"，举办技能培训班4期，接收黔南州务工人员1 417人；广西壮族自治区积极与广东、浙江等地人社部门签订新的劳务合作协议，2017年1—9月，广西向发达地区输送贫困劳动力12.13万人次。

 —— **案例5-10：湖南全力推进省内劳务协作脱贫攻坚**

> 湖南省采取"1134"（一套政府推动机制，一个劳务协作脱贫综合信息服务平台，任务、稳岗、责任三个清单，精准识别、精准对接、精准稳岗、精准服务四个环节）劳务协作脱贫总体工作模式，扎实推进贫困劳动力转移就业。集成开发了7大子系统、40个功能模块的劳务协作信息综合服务平台，配套推出劳务协作脱贫手机APP，上线微信公众号，实现了信息及时推送、人岗智能匹配、在线面试招聘、就业状态监测、动态跟踪服务等多项功能。同时，将信息平台拓展应用至全省所有县市区，推进湖南省信息系统无缝对接人社部农村贫困劳动力就业信息平台，有力支撑和服务湖南省劳务协作脱贫。湖南湘西土家族苗族自治州与山东济南市组织了"湘西州—济南市劳务协作专场招聘活动"，15家济南优质用人企业参加招聘。2017年，湖南新增12.2万贫困劳动力转移就业，带动了22.5万户家庭收入达到或超过脱贫线。

5.5 精准扶贫

5.5.1 让贫困学生有人生出彩机会

中等职业学校学生70%以上来自农村和城市贫困家庭，90%以上在校生享受免学费政策，近40%学生享受国家助学金，约70%学生在县市就近就业。2017年，全国共资助中等职业学校学生 **1 509.92**万人次，为我

1509.92万人次
–
全国共资助
中等职业学校学生

国农村地区、民族地区、贫困地区和家庭经济困难孩子提供了接受高中阶段教育，实现职场成功、人生出彩的更多机会。

 —— **案例5-11："扶智计划+资助体系+自强行动"**
让中职生"进得来、留得住、学得好"

贵州实施扶智计划，运用"扶贫云"等大数据平台准确掌握贫困生基数和动态，实现初三学生整班移交，并遴选100所职业学校挂牌建设"百校扶贫基地"，面向深度贫困地区开办200余个全免费、订单式精准脱贫班，让贫困学生"进得来"；健全完善职业教育资助体系，在落实国家资助政策的基础上，对建档立卡贫困学生实施免除教科书费、住宿费并补助扶贫专项助学金的省级职业教育精准扶贫学生资助政策，让贫困学生"留得住"；实施自强行动，通过订单培养、工学交替、重点辅导等方式，将贫困家庭中职学生培养成德技兼修、自立自强、阳光自信的技术技能人才，让贫困学生"学得好"。

5.5.2 让贫困人口掌握脱贫致富本领

中等职业学校发挥专业优势、师资优势、教学条件优势，为贫困地区群众开展农村实用技术培训、创新创业培训、致富带头人培训、医卫人员培训、农村基层党员干部培训等，帮助他们掌握一技之长，实现就业创业脱贫。2017年，河南投入资金2 004.5万元，在全省贫困县中等职业学校开设"精准脱贫技能培训班"，累计培训贫困人员7 577名，有效促进了贫困家庭实现脱贫减贫；贵州实施造血工程，面向深度贫困地区开展致富带头人培训工程和贫困人口农技培训，实现全省120万农村建档立卡贫困户"1户1人1技能"全覆盖，采取"学校+基地+贫困户"模式，帮助贫困户脱贫致富；西藏实施职业教育富民行动计划，开展农牧民职业技能培训、劳动力转移培训、农牧民实用技术培训，基本实现"两后生"全覆盖；湖北省黄石市坚持学历教育与社会培训两条腿走路，2017年全市中等职业学校完成各类培训5 000人次。

—— 案例5-12：永州市工业贸易学校"两创新三改革"助力精准扶贫

湖南省永州市工业贸易中等专业学校建设农业部管理干部学院（中共农业部党校）实践教研基地、永州市农村党员和青年农民培训中心，建立"两创新三改革"培训模式，创造性地开展了农村党员和青年农民"党建＋产业技术扶贫"专题培训。"两创新三改革"即创新培训课程，一手加强党建课程设置，一手紧贴农业和农民需求开发课程；创新教学实践，把培训搬到生产现场，让专家进入田间地头，让培训成果持续转化；改革培训内容，扶技与扶志并举；改革培训管理模式，广开入口、追踪服务；改革培训评价方法，过程管理、严把出口。2017年，基地和中心共开办"党建＋产业技术扶贫"专题培训21期，培训10 107人，带动贫困地区产业增收3.6亿余元，带动周边群众4万余人脱贫致富。

5.5.3 提升贫困地区中等职业学校内涵水平

各省份采取政策支持、专项计划引领、项目带动等方式，整体提升贫困地区中等职业学校内涵水平（表5-4）。各省教育行政部门还组织区域内优质职业院校对口帮扶贫困地区中等职业学校，通过援建专业、共建共享优质教学资源、对口支教等方式，促进贫困地区中等职业学校特色发展。山东下达3 550万元财政资金，支持优质职业院校以管理、课程、师资、设备"四下乡"的方式开展帮扶工作，覆盖全部贫困县中等职业学校；新疆生产建设兵团组织协调6所中等职业学校170名学前教育专业学生到南疆支教，缓解南疆学前教育教师短缺状况，也为国家通用语言文字教学全覆盖做出积极贡献。

表5-4 2017年部分省份提升贫困地区中职学校内涵水平典型做法

序号	类型	省份	典型做法
1	政策支持	陕西	印发《关于发挥县级职教中心综合功能 做好职业技能培训和职业教育精准扶贫工作的通知》《关于进一步做好中等职业教育精准扶贫工作的通知》，实施"一县一策""一校一策"，形成"一县一品""一校一品"办学
		甘肃	扶持贫困地区中职学校与省内高职院校深化中高职一体化办学，深入推进中高职"五年一贯制"、中职一本科"3+4"贯通培养

续表

序号	类型	省份	典型做法
2	专项计划引领	湖南	2014年开始实施农村中等职业教育攻坚计划，提高贫困地区中职基本学位保障能力，贫困县的50多个中职校校区新建、扩改建已先后完成；2015年开始实施卓越职业院校建设计划，8所贫困地区中职学校立项为卓越校，16所卓越高职院校每校帮扶3所贫困地区中职学校
		河南	实施贫困县中职学校"兼职教师特聘岗计划"，投入专项经费1 500万元，设立500个特聘岗位，资助贫困地区中职学校聘请高水平工程技术人员担任兼职教师
		安徽	在安排国家职业教育质量提升计划专项资金、省级中职教育质量提升工程专项经费时，将分配因素比例提高20%向贫困县临泉县倾斜
3	项目带动	云南	实施现代职业教育扶贫工程项目建设，104个项目已有79个项目开工，2017年累计完成投资约52亿元
		山东	实施省示范性及优质特色中职学校建设工程、省中职学校品牌专业建设工程，重点提升欠发达地区中职学校办学水平
		黑龙江	投入1 400万元职教扶贫专项资金，支持14个国家级贫困县职教中心加强基础能力建设
		内蒙古	投入9 300万基础能力建设资金，用于37个国贫、区贫旗（县、区）中职学校建设

数据来源：各省份中等职业教育质量年度报告、职业教育工作总结。

 — **案例5-13：湖南省重点支持贫困地区中职学校改善办学条件**

湖南省实施农村职业教育攻坚计划，重点支持改善农村公办中职学校改善基本办学条件，主要用于改扩建校舍、实验实训场地、教学仪器设备购置、图书资料配置等方面，显著改善了办学条件。截至2017年，共统筹1.2亿元，其中中央专项资金9 960万、省本级资金2 040万，重点支持了24个贫困县项目（深度贫困县8个、少数民族县14个）。

06

政府履责 > > >

政府履责是中等职业教育实现高质量发展的基本保障。多年来，党和国家高度重视中等职业教育，坚持以质量为核心，加强顶层设计，强化地方政府职责，健全和完善制度建设，持续加大经费投入。

6.1 政策推动

6.1.1 强化顶层设计

2014年国务院发布《关于加快发展现代职业教育的决定》以来，国务院及有关部门先后出台一系列政策文件，聚焦影响中等职业教育质量提升的重点问题，在学校办学、标准建设、产教融合、实习管理、信息化建设、师资队伍建设等方面，进一步深化改革，从国家制度层面建立起保障体系（表6-1）。

表6-1 2014年以来我国发布的关于中等职业教育改革发展的相关文件

类型	年份	文件名称
学校办学	2015年6月	《教育部办公厅关于建立职业院校教学工作诊断与改进制度的通知》
	2015年7月	《教育部关于深化职业教育教学改革全面提高人才培养质量的若干意见》
	2015年8月	《教育部关于印发〈职业院校管理水平提升行动计划（2015—2018年）〉的通知》
	2016年1月	《教育部办公厅关于开展中等职业教育质量年度报告工作的通知》
	2016年3月	《国务院教育督导委员会办公室关于印发〈中等职业学校办学能力评估暂行办法〉的通知》
	2018年4月	《教育部关于印发〈中等职业学校职业指导工作规定〉的通知》
标准建设	2014年4月	《教育部办公厅关于公布首批〈中等职业学校专业教学标准（试行）〉目录的通知》
	2014年12月	《教育部办公厅关于公布第二批〈中等职业学校专业教学标准（试行）〉目录的通知》

续表

类型	年份	文件名称
标准建设	2016年7月	《教育部关于发布〈中等职业学校风电场机电设备运行与维护专业仪器设备装备规范〉等四项教育行业标准的通知》
	2016年7月	《教育部办公厅关于公布首批〈职业学校专业（类）顶岗实习标准〉目录的通知》
	2016年12月	《关于征求对中等职业学校语文、历史、体育与健康、公共艺术等4门公共基础课课程标准（征求意见稿）意见的函》
	2018年1月	《教育部关于公布第二批〈职业学校专业顶岗实习标准〉的通知》
产教融合	2014年8月	《教育部关于开展现代学徒制试点工作的意见》
	2015年6月	《教育部关于深入推进职业教育集团化办学的意见》
	2017年12月	《国务院办公厅关于深化产教融合的若干意见》
	2018年2月	《教育部等六部门关于印发〈职业学校校企合作促进办法〉的通知》
实习管理	2016年4月	《教育部等五部门关于印发〈职业学校学生实习管理规定〉的通知》
信息化建设	2014年11月	《构建利用信息化手段扩大优质教育资源覆盖面有效机制的实施方案》
	2015年1月	《教育部关于发布〈职业院校数字校园建设规范〉的通知》
	2017年8月	《教育部关于进一步推进职业教育信息化发展的指导意见》
师资队伍建设	2016年10月	《教育部 财政部关于实施职业院校教师素质提高计划（2017—2020年）的意见》
	2018年2月	《教育部等五部门关于印发〈教师教育振兴行动计划（2018—2022年）〉的通知》

6.1.2 强化地方推动

2017年5月，国务院办公厅《对省级人民政府履行教育职责的评价办法》再次以专文的形式明确了地方政府在加快发展现代职业教育方面的职责。一些地方政府不断加强对区域内中等职业教育的调控，力保中等职业教育规模发展。

—— 案例6-1：山西省强调落实以市为主的高中阶段学校招生工作

　　山西省在《山西省人民政府关于贯彻落实〈国务院关于加快发展现代职业教育的决定〉的实施意见》中，强调落实以市为主的高中阶段学校招生工作统筹管理机制，要求各市按照高中阶段教育普及攻坚的要求，坚持普职招生规模大体相当的原则，进一步完善高中阶段学校招生计划编制办法，安排好高中阶段招生计划；省教育厅把普职招生规模大体相当列为对各市教育工作综合考评的重要内容，对高中阶段学校招生普职比例落实不力、普通高中顶风违规超计划招生的相关单位及责任人实行严格的追责问责。

6.2 经费保障

6.2.1 经费总投入达 **2 223** 亿元

　　2016年，职业教育经费总投入为4 059亿元，比2005年的939亿元增加了3 120亿元，增长了3.32倍；职业教育财政性教育经费为3 097亿元，比2005年的426亿元增加了2 671亿元，增长了6.27倍。其中，中等职业教育经费总投入2 223亿元，占职业教育经费的54.77%；中等职业教育财政性教育经费投入1 949亿元，占职业教育财政性教育经费的62.93%。

2223亿元

—

中等职业教育
经费总投入

6.2.2 生均公共财政预算增长 **4.22** 倍

　　2016年，中等职业学校生均公共财政预算支出12 570元，比2005年的2 410元增加了10 160元，增长了4.22倍；中等职业教育生均公共财政预算教育事业费平均值达到12 228元，比2010年的4 842元增长了7 386元，增长了1.53倍；中等职业教育生均公共财政预算公用经费4 779元，比2010年的1 468元增长了

4.22倍

—

生均公共财政
预算增长

3 311元，增长了2.26倍。

6.2.3 **37个省、市、自治区、计划单列市建立生均拨款制度**

2015年11月，财政部、教育部、人力资源和社会保障部印发《关于建立完善中等职业学校生均拨款制度的指导意见》（财教〔2015〕448号），截至2017年年底，各地均建立了中职学校生均拨款制度（表6-2）。有的地方（如北京、河南）按专业类别制定了标准，有的地方（如广西、贵州）按区域制定了标准，有的地方（如重庆市）把民办中等职业学校也纳入了生均拨款制度范畴。中等职业教育生均拨款制度的建立，为中等职业学校的发展提供了基本保障。

37 个地区

—

建立生均
拨款制度

表6-2 各地中等职业学校生均拨款政策出台情况

序号	地区	出台年份	政策要点	适用范围
1	北京	2015年	根据不同学科，确定生均综合定额标准为工科类17 280元/生·年，文科类15 460元/生·年，艺术类17 540元/生·年，医科类20 470元/生·年，幼儿师范类20 740元/生·年，体育类19 250元/生·年，独立设置艺术学校36 240元/生·年	市属中职
2	天津	2014年	按系数折算	市属中职
3	河北	2016年	2016年，在积极落实中职学校免学费政策的基础上，明确全省中职学校公用经费基准定额为1 000元/生·年	公办中职
4	内蒙古	2015年	按专业类别生均公用经费为3 500～4 500元/生·年	公办中职
5	辽宁	2016年	到2017年年底，各地区独立设置公办中职学校财政拨款安排的生均公用经费标准不低于2 000元	公办中职
6	吉林	2014年	生均公用经费原则上不低于3 000元/生·年（含免学费补助）	公办中职
7	黑龙江	2014年	从2015年起，生均公用经费标准不低于3 000元/生·年（含免学费补助），并实行动态调整	公办中职
8	上海	2013年	按专业类别生均公用经费拨款标准为2 250～6 700元/生·年	公办中职

序号	地区	出台年份	政策要点	适用范围
9	江苏	2014年	生均财政拨款基本标准为6 000元/生·年(含免学费补助金),其中生均公用经费拨款基本标准不低于1 000元/生·年	公办中职
10	浙江	2016年	从2016年起,确定全日制公办中职学校生均公用经费标准为2 500元/生·年	公办中职
11	安徽	2016年	生均拨款标准不低于5 000元/生·年	各级中职
12	福建	2015年	按专业类别生均公用经费财政拨款标准为4 200~7 000元/生·年	公办中职
13	江西	2015年	生均财政拨款标准不低于3 000元/生·年	公办中职
14	山东	2013年	按专业类别生均公用经费拨款标准为2 800~4 500元/生·年(含免学费补助金)	公办中职、技工学校
15	河南	2017年	省属中职学校生均经费财政拨款标准为理工类5 150元/生·年,文科类4 635元/生·年,体育卫生艺术类5 665元/生·年	省属中职
16	湖北	2016年	生均拨款基准标准不得低于5 000元/生·年	公办中职
17	湖南	2010年	分地区分专业类别财政预算内拨款标准为2 400~3 100元/生·年(含免学费补助金)	公办中职
18	广东	2012年	分类别生均基准定额为3 200~3 700元/生·年	普通中职、技工学校
19	广西	2014年	按所属地区生均公用经费标准,2014年为300~500元/生·年,2015年为500~700元/生·年	公办中职
20	海南	2016年	从2016年起,生均公用经费标准为1 800元/生·年	公办中职
21	山西	2016年	从2017年起,开始实施中职学校生均拨款制度,全省公办中职学校生均财政拨款达到8 000元/生·年	公办中职
22	重庆	2012年	生均公用经费标准为公办学校2012年750元/生·年,2013年1 000元/生·年,2014年1 500元/生·年,民办学校500元/生·年	公办、民办中职
23	四川	2014年	2016年和2017年中职生均拨款的加权平均水平目标分别为5 500元/生·年、6 000元/生·年	公办中职
24	贵州	2016年	从2017年起,省属中职学校生均财政拨款经费补助标准平均水平不低于6 000元/生·年,2019年各市(州)属公办中职学校生均财政拨款标准应不低于5 000元/生·年,2020年各县属公办中职学校生均财政拨款标准应不低于5 000元/生·年	公办中职

续表

序号	地区	出台年份	政策要点	适用范围
25	云南	2017年	综合生均经费拨款基准定额标准为6 000元/生·年	公办中职
26	西藏	2016年	生均公用经费标准为900元/生·年	公办中职
27	陕西	2016年	"十三五"期间，生均经费标准达到5 000元/生·年以上	公办中职
28	甘肃	2015年	根据不同专业，生均拨款为7 000～8 000元/生·年不等	公办中职
29	青海	2015年	2015年，生均公用经费为600元/生·年，2016年提高到1 200元/生·年（今后将此补助与免学费补助统称为生均公用经费，两项补助标准达到3 200元）	公办中职
30	宁夏	2016年	从2017年春季学期起，生均财政拨款基本标准为1 500元/生·年，其中生均公用经费基本拨款标准不低于500元/生·年	公办中职
31	新疆	2012年	生均公用经费标准为1 000元/生·年	公办中职
32	新疆兵团	2012年	生均公用经费标准为1 000元/生·年	公办中职
33	大连	2011年	生均公用经费标准为职业高中1 500元/生·年，其中预算内不低于600元/生·年	公办职高
34	青岛	2014年	按专业类别生均公用经费基本拨款标准3 000～5 200元/生·年（含免学费补助金）	公办中职
35	宁波	2016年	生均定额公用经费标准确定为文理科4 500元/生·年，工医科（含艺术类）6 000元/生·年	市属中职
36	厦门	2013年	预算内生均公用经费基本定额标准910元/生·年（不含免学费补助金）	中职学校
37	深圳	2017年	生均运行拨款标准为17 000元/生·年（不含教育收费）	公办中职

6.2.4 1 500余万人次的中等职业学校学生得到资助

中等职业教育建立了以免学费、国家助学金为主，学校和社会资助及顶岗实习等为补充的资助政策体系。2017年，全国共资助中等职业学校学生1 509.92万人次，资助金额365.29亿元，比上年增加33.16亿元，增

1500 余万人次

中职学生
得到资助

幅9.98%。其中，998.52万学生享受免学费政策，资助金额199.71亿元；254.76万学生享受国家助学金政策，资助金额50.95亿元；地方政府资助87.05万人次，资助金额6.81亿元；学校资助31.44万人次，资助金额2.40亿元；社会资助3.71万人次，资助金额1.74亿元；顶岗实习134.44万人次，资助金额为103.67亿元。

 —— **案例6-2：内蒙古中等职业教育资助金惠及学生42.5万人次**

2017年，内蒙古自治区共落实中等职业教育资助资金6.84亿元，惠及学生42.5万人次。其中，国家助学金2.15亿元，惠及学生12.3万人；"两免"资金3.92亿元，资助学生17.3万人，补助寄宿生住宿费资金0.69亿元，受助学生12.4万人；地方政府资助项目落实资金810万元，资助学生5 112人。对2 211名建档立卡家庭经济困难学生落实资助资金537万元。

6.3 项目引领

6.3.1 持续加强国家中等职业教育改革发展示范学校建设

2012年以来，教育部、财政部、人力资源和社会保障部持续加强中等职业教育改革发展示范学校的立项和验收工作。到2017年，全国已经建成**1 000**所国家中等职业教育改革发展示范学校。各地在国家中职改革发展示范学校的基础上，推动建设了一批省级中等职业教育优质特色学校，**2/3**的学生接受优质中等职业教育。

1000所
——
国家中等职业教育
改革发展示范学校

2/3
——
学生接受优质
中等职业教育

— 案例6-3：山东省加强规范化、示范性及优质特色中职学校建设

截至2017年，山东省共建设规范化中职学校80所，累计投入资金4.8亿元。2015年，山东省教育厅印发《关于山东省示范性及优质特色中等职业学校建设工程的实施意见》，计划从2015年到2020年，以提高质量为核心，以内涵建设为重点，建设100所示范性及优质特色中等职业学校，截至2017年，共建设示范校59所，投入资金5.9亿元；2015年，山东省印发《山东省职业院校现代学徒制试点工作实施方案》，截至2017年，共试点140个学校，累计投入资金3 500万元。

 — 案例6-4：江苏省加强特色示范性中职学校建设

2017年，江苏省级财政投入1.5亿元建成22所现代化示范性中等职业学校和4所优质特色中等职业学校；投入2.56亿元建成64个现代化实训基地；投入4 220万元，建成52个现代化专业群；投入3 450万元，建成23个中等职业教育智慧校园。

6.3.2 持续提升中等职业学校基础能力

近年来，中央财政在增加财政性教育经费投入的同时，为解决中等职业教育发展中的一些难题，地方政府通过实施一系列重大项目，对中等职业教育发展过程中的关键领域和薄弱环节加大投入，推进中等职业教育基础能力的提升，改善基本办学条件，提高职业教育吸引力。

 — 案例6-5：河北省投入专项资金提升中职办学质量

2017年，河北省级财政每年统筹两个多亿用于120所质量提升工程学校建设，包括20所精品学校，90所名牌学校，10所特色学校。90所名牌学校还分3个档，每类学校、每档学校都有不同的经费支持。支持标准为：精品校每校每年400万，品牌学校一档每校每年250万，二档每校每年200万，三档每校每年150万，特色校为150万元。

— **案例6-6：四川省下达专项资金加强中职基础能力建设**

四川省教育厅会同财政厅对2017年度中职基础能力建设省级专项资金及现代职业教育质量提升计划中央资金进行了安排和下达。中央和省级财政共下达基础能力建设专项资金6.81亿元，其中中央资金5.31亿元，省级财政资金1.5亿元。四川省按1.2系数对贫困地区给予倾斜，下达贫困地区中央专项资金19 876万元，省级专项资金6 238万元，支持贫困地区中职学校加强基础设施和教学设施设备建设，提升教育教学水平。

07

挑战及对策　> > >

党的十九大以来，中等职业教育迎来了前所未有的发展机遇，也面临着新的社会主要矛盾变化所带来的前所未有的挑战。找准问题，把握机遇，迎接挑战，是新时代中等职业教育实现更高质量发展必须回答的课题。

7.1 面临挑战

7.1.1 中等职业教育基础地位出现动摇倾向

一些地方政府支持中等职业教育发展的政策出现了摇摆，贯彻落实《国务院关于加快发展现代职业教育的决定》提出的"总体保持中等职业学校和普通高中招生规模大体相当"要求的态度不够坚定、措施不够有力，中等职业教育整体规模呈现下滑趋势，基础地位有被削弱的倾向。

7.1.2 区域间中等职业教育发展不平衡问题突出

区域间经济发展的不平衡在中等职业教育发展的保障能力上有明显反映，地区间对中等职业教育的经费投入水平差异较大。部分县域中等职业教育的办学基本条件持续薄弱，中西部地区城乡中等职业教育的发展差距仍然很大，农村职业学校教师队伍建设亟待加快。

7.1.3 中等职业教育内涵发展的动力和能力不足

充分激发中等职业学校发展活力的体制机制改革尚不深入，行业企业和其他社会力量共同参与办学的制度体系还没有完全建立起来，"天花板""玻璃门"的现象还普遍存在。中等职业学校在人才培养、专业建设、课程开发、教师提升、实习实训等方面的创新动力和能力双重不足。

7.1.4 促进中等职业教育发展的社会环境仍需改善

社会上仍然存在着对中等职业教育的偏见，认为中等职业教育是接受"差生"的教育，是"末流"教育，在教育内部和外部都存在鄙薄中等职业教育的现象。技术工人的社会地位不高，整体收入水平偏低，许多青年和家长都不愿意选择中职学校学习，不愿意当技术工人。

7.2 对策建议

7.2.1 强化基础地位，坚持发展重点不动摇

以学习贯彻落实党的十九大精神和全国教育大会精神为契机，进一步强化中等职业教育的基础性地位，坚持把发展中等职业教育作为工作重点不动摇。将落实中央"总体保持中等职业学校和普通高中招生规模大体相当"的明确要求作为政府履责督导的重要内容。

7.2.2 提高投入标准，扶持薄弱地区和学校发展

提高农村地区、民族地区、贫困地区中等职业教育投入标准，中央和地方财政通过转移支付、专项支持等方式重点帮助中等职业教育的薄弱学校加快改善基本办学条件，逐步缩小区域间、城乡间中等职业教育的发展差距，实现有意愿者都能就近上学、上起学、上好学、学得好的目标。

7.2.3 落实改革政策，充分激发学校办学活力

加快落实国家出台的《关于深化教育体制机制改革的意见》《关于深化产教融合的若干意见》《职业学校校企合作促进办法》等政策要求，解决股份制办学、混合所有制办学等重大政策突破最后一公里的问题。转变政府职能，落实学校办学自主权，完善学校治理结构，建立多元参与办学的制度保障体系。

7.2.4 坚持立德树人，拓展学生多样化成才路径

把培养社会主义建设者和接班人作为根本任务，把培养职业技能和职业精神融合起来，引导学生扣好人生第一粒扣子。同时，加快拓展中等职业学校学生多样化成才渠道，为学生接受更高层次的职业教育提供多种机会，巩固和提升中等职业学校"就业有优势、升学有通道"的办学优势和活力。

7.2.5 设立专项引导，推进教育教学质量升级优化

认真总结示范性职业学校建设经验，围绕区域发展战略、"一带一路"倡议、乡村振兴战略等国家重大战略部署，设立并实施新的财政专项，引导资源配置，促进中等职业教育质量升级优化，提高服务经济社会转型升级的能力。

7.2.6 倡导新的文化，营造有利于中等职业教育发展的社会环境

落实十九大报告提出的"弘扬劳模精神和工匠精神，营造尊重劳动的社会风尚和精益求精的敬业风气"的要求，按照中央部署，切实提高技术工人待遇，建设劳动光荣、技能宝贵、创造伟大的文化生态，广泛宣传中等职业教育的历史贡献和时代价值，营造有利于中等职业教育发展的社会环境。

后 记

党的十八大以来，按照努力办好人民满意教育的要求，中等职业教育质量受到社会的广泛关注。为了全面反映中等职业教育质量，及时回应社会的关切与期待，特编撰本《报告》。

《报告》编写历时近半年，在分析统计全国各省、自治区、直辖市、计划单列市及其学校中等职业教育质量年报的基础上，搜集了近年来体现中等职业学校质量发展的相关案例以及有关调查研究。《报告》引用数据的主要来源是各年度《中国教育统计年鉴》和《全国教育事业发展统计公报》，不再一一说明。其他数据来源已在文中注明。

《报告》编撰工作得到了教育部职业教育与成人教育司的指导和帮助，在教育部职业技术教育中心研究所王扬南所长领导下，由刘宝民副所长牵头组成的编委会完成。刘宝民副所长主持了《报告》的研讨和编撰工作，编撰过程中充分发挥各位编委的作用。编委会实行集体研讨和分工执笔相结合的工作方式，经多次集体研讨后完稿。《报告》第一部分由于志晶、李玉静、岳金凤（《职业技术教育》杂志社）执笔；第二部分由杜怡萍、黄文伟（广东省教育研究院）执笔；第三部分由陈向阳（江苏省教育科学研究院）、陈萌（南京金陵中等专业学校）执笔；第四部分由高鸿、赵昕（辽宁教育研究院）执笔；第五部分由刘显泽（湖南省教育科学研究院）、彭文科（湖南省教育厅）

执笔；第六部分由段威（烟台市职业教育研究室）、耿洁（天津市教育科学研究院）、潘玉鹏（烟台市职业教育研究室）执笔；第七部分由陈晓明、宋瑞超（机械工业教育发展中心），陈文珊（上海商业会计学校）执笔。编撰过程中，教育部职业技术教育中心研究所评估中心周凤华、吴东杰、杨广俊等做了大量具体工作，于志晶、周凤华负责《报告》的统稿，王扬南、刘宝民进行了审阅修订。

　　《报告》的出版得到了高等教育出版社的鼎力支持。在此，一并向关心与支持《报告》编撰的各界人士致以诚挚的谢意！

　　限于条件和基础，中等职业学校的特色和经验在《报告》中未能充分展示，对此我们甚为遗憾。由于时间和能力所限，《报告》的不妥之处，希望广大读者给予批评指正。

《中国中等职业教育质量年度报告2018》编委会

2018年10月

郑重声明

　　高等教育出版社依法对本书享有专有出版权。任何未经许可的复制、销售行为均违反《中华人民共和国著作权法》，其行为人将承担相应的民事责任和行政责任；构成犯罪的，将被依法追究刑事责任。为了维护市场秩序，保护读者的合法权益，避免读者误用盗版书造成不良后果，我社将配合行政执法部门和司法机关对违法犯罪的单位和个人进行严厉打击。社会各界人士如发现上述侵权行为，希望及时举报，本社将奖励举报有功人员。

反盗版举报电话　（010）58581999　58582371　58582488
反盗版举报传真　（010）82086060
反盗版举报邮箱　dd@hep.com.cn
通信地址　北京市西城区德外大街 4 号
　　　　　　　高等教育出版社法律事务与版权管理部
邮政编码　100120